누구보다 소중한

_____ 님께

아침을 선물합니다.

_____ 드림

소중한 나를 위한 작은 선물!

아침 5분 행복습관

소중한 나를 위한
작은 선물!

아침 5분
행복습관

봄봄
스토리

서 문

독자 여러분을 환영하고 이 책을 구입해주신 것에 대해 감사드린다.

책 제목이 거창하다는 것을 알고 있지만, 나는 그것이 실제로 가능하다고 100% 믿고 있다.

자신에게 단 5분만 투자할 수 있다면 여러분의 삶은 눈에 띄게 개선될 것이라고 보장한다.

아침마다 무언가를 반복해서 놀라운 효과를 볼 수 있다.

매일, 작은 것을 지속적으로 실천하면 큰 진전을 볼 수 있다.

이를 강력히 믿고 있는 나는 본론으로 들어가기에 앞서, 독자 여러분에게 30일 도전과제를 주고자 한다.

방법은 다음과 같다.

1단계
가장 좋아하는 날짜를 달력에서 찾아 "아침습관 시작"이라고 표시하고, 그로부터 30일 후에도 동그라미를 친다.

2단계
현재의 삶에서, 다음의 영역이 얼마나 만족스러운지 1에서 10까지 숫자로 표시해보고 각 영역에 대해 메모할 것이 있다면 간단히 적는다.

• 건강	• 가족	• 친구
• 애정	• 일	• 돈
• 여가시간	• 스트레스	

3단계
이 책을 끝까지 읽는다. 읽으면서 6~10가지 행동을 정해, 앞으로 30일 동안 매일 아침마다 실천하기로 다짐한다.

4단계
30일째가 되는 날, 2단계 과정을 되풀이한다. 단, 처음에 썼던 내용은 보지 않는다. 그리고 무엇이 달라졌는지 확인해본다.

분명, 일부 개선이 이뤄졌음을 눈으로 확인할 수 있을 것이다. 아침습관은 성공의 강력한 밑거름이기 때문이다. 다음 몇 장에서는 그 이유와 아침습관을 잘 들일 수 있는 방법, 나의 아침습관, 지금보다 훨씬 더 행복한 삶을 위해 할 수 있는 모든 것에 대해 이야기해보고자 한다.

그럼 시작해볼까?

1 단계

가장 좋아하는 날짜를 달력에서 찾아 "아침습관 시작"이라고 표시하고,
그로부터 30일 후에도 동그라미를 친다.

| 1월 | 1 2 3 4 5 6 7 8 9 10 11 12 13 14 15 16 17 18 19 20 21 22 23 24 25 26 27 28 29 30 31 |

| 2월 | 1 2 3 4 5 6 7 8 9 10 11 12 13 14 15 16 17 18 19 20 21 22 23 24 25 26 27 28 |

| 3월 | 1 2 3 4 5 6 7 8 9 10 11 12 13 14 15 16 17 18 19 20 21 22 23 24 25 26 27 28 29 30 31 |

| 4월 | 1 2 3 4 5 6 7 8 9 10 11 12 13 14 15 16 17 18 19 20 21 22 23 24 25 26 27 28 29 30 |

| 5월 | 1 2 3 4 5 6 7 8 9 10 11 12 13 14 15 16 17 18 19 20 21 22 23 24 25 26 27 28 29 30 31 |

| 6월 | 1 2 3 4 5 6 7 8 9 10 11 12 13 14 15 16 17 18 19 20 21 22 23 24 25 26 27 28 29 30 |

| 7월 | 1 2 3 4 5 6 7 8 9 10 11 12 13 14 15 16 17 18 19 20 21 22 23 24 25 26 27 28 29 30 31 |

| 8월 | 1 2 3 4 5 6 7 8 9 10 11 12 13 14 15 16 17 18 19 20 21 22 23 24 25 26 27 28 29 30 31 |

| 9월 | 1 2 3 4 5 6 7 8 9 10 11 12 13 14 15 16 17 18 19 20 21 22 23 24 25 26 27 28 29 30 |

| 10월 | 1 2 3 4 5 6 7 8 9 10 11 12 13 14 15 16 17 18 19 20 21 22 23 24 25 26 27 28 29 30 31 |

| 11월 | 1 2 3 4 5 6 7 8 9 10 11 12 13 14 15 16 17 18 19 20 21 22 23 24 25 26 27 28 29 30 |

| 12월 | 1 2 3 4 5 6 7 8 9 10 11 12 13 14 15 16 17 18 19 20 21 22 23 24 25 26 27 28 29 30 31 |

2 단계

현재의 삶에서, 다음의 영역이 얼마나 만족스러운지 1에서 10까지 숫자로 표시해보고 각 영역에 대해 메모할 것이 있다면 간단히 적는다.

건강

만족도	1	2	3	4	5	6	7	8	9	10

가족

만족도	1	2	3	4	5	6	7	8	9	10

친구

만족도	1	2	3	4	5	6	7	8	9	10

애정

만족도	1	2	3	4	5	6	7	8	9	10

일

만족도	1	2	3	4	5	6	7	8	9	10

돈

만족도	1	2	3	4	5	6	7	8	9	10

여가 시간

만족도	1	2	3	4	5	6	7	8	9	10

스트레스

만족도	1	2	3	4	5	6	7	8	9	10

만족도	1	2	3	4	5	6	7	8	9	10

만족도	1	2	3	4	5	6	7	8	9	10

3 단계

이 책을 끝까지 읽는다. 읽으면서 6~10가지 행동을 정해, 앞으로 30일 동안 매일 아침마다 실천하기로 다짐한다.

1	
2	
3	
4	
5	
6	
7	
8	
9	
10	

CONTENTS

1장

....

왜
아침습관
인가?

　　나는 개인적으로 오래전부터 아침습관의 혜택을 경험하고 있다. 수년 전, 한 코치가 아침습관의 장점에 대해 알려줬다. 나는 이내 아침습관의 매력에 빠졌고, 그 후로 아침습관의 신봉자가 됐다.

매일 아침, 나 자신을 위해 단 5분을 투자했을 때 얻을 수 있는 이점은 다음과 같다.

먼저 기분이 좋아질 것이다.

아침습관의 핵심은 나 스스로 내 삶을 개선하기 위한 일을 시작하는 데 있다. 매일 자신의 삶을 개선하기 위해 작은 행동을 시작하는 것은, 기분이 나아지도록 하는 좋은 방법이기도 하다. 그것이 무엇이든 기분이 좋아질 것이다.

두 부류의 사람이 있다고 하자.

첫 번째 사람은 매일 아침에 일어나서 운동화를 신고 아침 산책을 하면서 자기계발 오디오북을 듣는다. 그리고 녹색 스무디를 만들고 나서 스트레칭을 한다. 두 번째 사람은 아침에 정말 일어나야하는 순간까지 스누즈 버튼(아침에 잠이 깬 뒤 조금 더 자기 위해 누르는 라디오의 타이머 버튼)을 누르고, 일어나자마자 이메일을 확인하면서 타인의 이야기를 읽는 데 자신의 시간을 허비한다. 최악이다. 당연히 첫 번째 사람의 기분이 훨씬 더 좋을 것이고, 이러한 기분은 하루 전체에 영향을 줄 것이다.

달라진 나로 인해 주변 사람들의 기분도 좋아질 것이다.

주변에 어떤 부류의 사람이 있는지에 따라 기분이 달라지는 것을 보면 알 수 있다. 긍정적이고 밝은 사람들이 주변에 있으면 기분이 좋아진다. 주변에 기를 빼는 사람들이 있으면 힘이 빠진다. 아침습관을 시행하면 더 행복한 사람이 될 수 있고, 내 주변에 있는 모든 사람들도 혜택을 보게 될 것이다. 따라서 나 자신을 위해 시간을 쓰는 것에 대해 죄책감을 가질 필요가 없다.

일상생활에 큰 변화가 생길 것이다.

실천하기 쉽지만 그 만큼 간과하기도 쉬운 작은 행동들을 꾸준히 하다보면, 그것이 쌓여 중대한 변화가 생길 것이다. 헬스 클럽에서 경험해봤을 것이다. 많은 사람들이 운동을 시작하고 나서 빠르게 달라지는 스스로의 모습을 보고 놀라곤 한다. 개인적인 경험담인데, 나는 매일 아침 60초 동안 플랭크 운동 (plank, 엎드려서 하는 운동으로, 등, 복부, 엉덩이, 골반 근육을 고루 강화시키는 효과가 있음)을 하면서 그런 경험을 했다. 일주일이 지나자 운동을 시작했을 때보다 힘이 많이 세졌음을 느꼈다. 큰 변화가 나타나는 데 하루에 1분씩, 일주일밖에 안 걸렸다. 처음에는 19리터의 물 주전자를 드는 것이 힘들었으나 나중에는 거뜬히 들 수 있었다.

또한 삶에 긍정적인 변화를 일으킬 수 있게 된다.

매일 아침, 긍정적인 행동에 시간을 투자하면 그만큼 긍정적인 변화가 일어날 가능성이 높아진다. 오늘 해야 할 일을 나중으로 미루면, 업무나 육아 등 일상적으로 해야 할 일들조차 제대로 하지 못할 수 있다. 아침에는 주변으로부터 방해를 받을 가능성이 훨씬 적기 때문에 이 시간을 활용하는 것이 특히 유용하다.

더 창의적인 사람이 될 것이다.

세계적으로 가장 훌륭한 예술가, 작가, 음악가 중에는 매일 철저히 좋은 습관을 지킨 사람들이 많이 있다. 매일 같은 시간에 일어나고, 같은 음료를 마시며, 같은 종류의 음악을 연주하는 식이다. 누구나 하루에 발휘할 수 있는 의지력이 한정되어 있다는 것은 과학적으로 입증된 사실이다. 따라서 무엇을 선택할지에 대한 걱정은 가급적 줄이고, 매일 아침 무엇을 할지 미리 정해놓으면 따로 결정할 필요가 없게 된다. 그리하여 우리의 지적능력을 다른 일에 더 사용할 수 있게 되고, 남은 의지력을 이용하여 창의력, 집중력, 침착함을 발휘할 수 있다. 그런데 아침에 일어나서 무의식적으로 이메일부터 확인한다면 그 의지력을 사람들에게 어떻게 대응할지, 사람들의 요청에 따라 내 일정을 어떻게 바꿀지 등을 고민하는 데 써버리게 된다.

활력이 생길 것이다.

다음 장에서 얘기하겠지만, 활력이 생기는 일을 하면 훨씬 더 건강해지는 느낌이 들고 내 안에 존재하는지 미처 몰랐던 에너지를 발견하게 될 것이다. 더 많은 에너지를 얻는 가장 좋은 방법은 운동과 같은 활동에 집중하는 것이다. 이를 쉽게 실천하는 방법은 다음 몇 장에서 소개하겠다.

일상적으로 받는 스트레스를 줄일 수 있다.

아침에 오늘 할 일들을 정해놓으면 기분도 훨씬 좋아지고 더 주도적으로 생각할 수 있게 된다. 그리고 스트레스도 덜 받게 될 것이다. 따라서 매일 아침에 자신을 위해 약간의 시간을 투자하면 긍정적인 혜택을 많이 볼 수 있다.

오늘 할 일
_____

☐ _____

☐ _____

☐ _____

_____

_____

_____

_____

_____

2장

아침습관의
유형

문포항의 배

실천할 수 있는 아침습관의 유형은 다양하다.
그 중 몇 가지를 소개하겠다.

'미라클 모닝(Miracle Morning)' 유형
할 엘로드(Hal Elrod)는 훌륭한 저서 《미라클 모닝》(Miracle Morning)에서 본인이 아침에 60분간 무엇을 하는지 알려준다. 그는 매일 한 시간 동안 침묵, 자기 확신, 시각화, 운동, 독서, 글쓰기 등 여섯 가지 활동을 집중 수행한다. 전 세계에서 가장 성공한 사람들의 습관에서 착안한 결과이다. 정말 대단한 책으로 추천하며, 나는 이 책에서 좋은 아이디어들을 많이 얻었다.

'지금 당장 나에게 가장 중요한 일에 집중하는' 유형

매일 아침, 지금 내게 가장 시급하다고 생각되는 일에 집중하는 것도 좋다. 매일 아침에 운동을 하거나, 책을 쓰기 위해 하루에 2,000 단어씩 쓰거나, 명상을 하거나, 정신을 가다듬을 수도 있다.

여러 가지를 '믹스매치(mix and match)' 하는 유형

내가 실천하고 있는 유형이자 이 책에서 기본적으로 제안하고 있는 유형이다. 하루에 실천할 수 있는 다양한 아이디어들을 제시할 테니 본인에게 지금 당장 가장 중요한 것을 고려하여 선택하면 된다.

'믹스매치'하는 유형이 무엇인지 알 수 있도록 나의 아침습관을 소개하겠다.

나는 아침습관을 이행하면서, 솔직히 말해 정신이 혼미해질 정도로 행복해진다. 아침습관을 이행하는 날과 그러지 못하는 날의 차이가 엄청나다.

나는 다음 날 하루를 잘 시작하기 위해, 매일 밤 몇 가지 간단한 일을 하고 잠자리에 든다. 침대 옆 침실탁자에 물 한 컵을 갖다놓고, 다음 날 해야 하는 가장 중요한 일 3~5개를 정해놓는다. 다음 날 무엇에 집중해야 하는지 알고 있으면, 잠잘 때부터 잠재의식으로 그 일에 대한 생각을 할 수 있다. 그래서 나는 아침에 일어나서 무슨 일을 어떻게 할 것인지, 힘 들이지 않고도 분명히 알고 있다는 느낌을 받을 때가 많다.

(잠재의식의 힘은 대단하다. 많은 사람들이 결정을 내리기 전에 '하룻밤 자고나서 생각해보라'고 하는 것도 그 때문이다. 정말 효과가 있는 방법이다.)

나는 언제든 내 몸이 준비됐을 때, 보통 오전 다섯 시 쯤 일어나며 알람은 설정하지 않는다. 누구나 이렇게 할 수 있는 것은 아니라는 점을 알고 있다. 아침에 몇 시에 일어날지 고민하고 있다면, 평소에 일어나는 시간보다 30분 더 일찍 일어날 것을 권한다.

(힘들 것 같다면 걱정할 필요 없다. 다음 장들에서 쉽게 실천할 수 있는 몇 가지 방법들을 살펴볼 것이다.)

내가 아침에 일어나서 가장 먼저 하는 일은 침대 옆에 있는 물한 컵을 마시는 것이다. 자는 동안 8시간 정도 물을 전혀 마시지 않아 탈수상태이기 때문에 몸에 매우 좋다. 뇌의 73~80 퍼센트는 수분으로 되어 있다고 하니 적정 수분 유지는 대단히 중요하다.

그 다음에는 화장실에 가서 이를 닦고 프로바이오틱(probiotic, 유산균 캡슐)을 복용한다. 프로바이오틱이 모두에게 필수적인 것은 아니겠지만, 나는 지속적으로 복용하면서 소화가 대체로 더 잘되는 것을 경험했다. 프로바이오틱은 또한 면역체계 강화 및 몸속 이로운 박테리아의 증대에도 큰 도움이 된다. 시중에 각종 좋은 제품들이 나와 있다. 나의 경우, 매일 아침 잊지 않고 복용하기 위해 프로바이오틱 통을 칫솔과 치약 바로 옆에 뒀다.

그 후, 나는 몸을 마른 솔로 닦는다. 나는 마른 솔(예르바 프리마 탐피코, Yerba Prima Tampico)을 심장 쪽으로 가져가며 솔질을 하는데, 혈액순환에 탁월한 효과가 있다. 마른 솔질로는 다양한 혜택을 볼 수 있다. 무엇보다 림프계를 자극하는 데 도움이 되고, 죽은 피부세포를 제거해주며, 독소를 제거해준다. 특히 여성들은 코코넛 오일을 발라 솔질을 하면 셀룰라이트 제거에 놀라운 효과를 볼 수 있다.

그 다음으로, 나는 아래층으로 내려가서 운동을 한다. 전에는 밖으로 나갔으나, 약간의 알레르기가 생긴 뒤부터 러닝머신을 구입했다. 400달러 안 되는 돈을 주고 웨슬로 케이던스(Weslo Cadence) 러닝머신을 샀는데 아주 만족스럽다. 아래층으로 가서 빠른 속도로 걷거나, 간헐적 운동(뛰고 파워워킹을 한 후 다시 뛰는 운동)을 하는 동시에 헤드폰으로 긍정적인 내용의 팟캐스트나 오디오북을 듣는다. 나는 동기부여를 받으며 하루를 시작하고 '무엇이든 가능하다'는 생각을 하려고 노력한다.

러닝머신 위에서 나는 항상 물 1리터 이상을 더 마신다. 아침에 일어난 후 한 시간 동안 물 1.3리터를 마신다는 얘기다. 이는 활력생성과 수분유지에 탁월한 효과가 있다.

러닝머신에서 내려온 후 컨피던스 피트니스(Confidence Fitness) 진동기를 사용한다. 나는 이 기기를 온천에서 처음 접했는데, 나와 함께 일하던 의사가 이 기기의 장점에 대해 계속해서 말했다. 이 기기는 근력강화와 혈액순환에 도움이 되며 몸의 탄력을 강화해준다고 한다. 나는 매일 10분씩 이 기기를 이용한다.

그 후, 위층으로 올라가 녹색 스무디를 만든다. 여러 가지 재료를 섞어 넣는데, 일반적으로 들어가는 재료는 다음과 같다.

- 아몬드 우유(나는 칼리피아(Califia) 아몬드 우유를 좋아하는데, 첨가제 없이 아몬드와 물로만 되어 있기 때문이다.)
- 이에르바 마떼(활력 및 집중력 강화에 놀라운 효과를 보이는 카페인의 한 종류로, 커피와 같이 불안감 및 긴장감을 유발하지는 않는다.)
- 아틀레틱 그린스(Athletic Greens, 훌륭한 녹색채소 파우더) 큰 술 한 가득
- 시금치나 집에 있는 아무 녹색채소 한 줌
- 딸기 두, 세 개
- 블루베리 한 줌
- 마카파우더(호르몬에 좋다.)
- 밀싹파우더
- 얼린 바나나 반 개
- 카카오닙(항산화제가 풍부하며 활력생성에 탁월하다.)
- 생꿀(생꿀은 건강에 많은 도움이 된다. 기능성 식품으로 간주되고 있는 생꿀은 활성산소를 억제하고 알레르기 완화에 도움이 된다. 맛도 정말 좋다.)

어떤 경우에는 아몬드 우유 대신 코코넛 워터를 이용하기도 한다. 아니면 파인애플을 넣을 때도 있고, 녹색채소를 뺄 때도 있다. 이렇게 가지고 있는 재료를 다양하게 활용해보는 것도 좋다.

스무디를 마시면서 식단일지(무엇을 먹고, 먹기 전과 먹은 후에 얼마나 배가 고팠는지를 1에서 10까지 숫자로 나타내고, 또한 어떤 기분인지를 기록하는 일지)에 지금 스무디를 마시고 있다고 표시한다. 이 식단일지의 도움을 정말 많이 받았으며, 먹었을 때 기분이 좋은 음식과 그렇지 않은 음식을 파악하는 데 많은 도움이 된다. 스무디를 마신 후 이내 행복해지고 활력이 생겼음을 느낀다. 그 효과는 대단히 빨리 나타난다.

이제 필요한 수분을 채웠고 운동을 했으며, 긍정적인 내용의 오디오를 들었고 강력한 영양분까지 몸속에 채웠다. 이 모든 것을 아침에 일어나서 한 시간 안에 다 한 것이다.

그런 후엔 출근을 한다. 앞서 언급했듯, 나는 다음 날 가장 하고 싶은 일 3~5개를 미리 정해 놓았다. 할 일을 되새겨보고 노트에 옮겨 적은 후, 어려운 순 또는 창의력을 많이 요하는 순으로 우선순위를 정한다. '에너지'가 가장 많을 때 가장 힘든 일을 하기 위해서다.

각 업무 당 걸리는 시간은 다르게 설정한다. 예를 들어, 첫 번째 업무는 9시까지 끝내고, 두 번째 업무는 10시 30분까지,

세 번째 업무는 11시까지 끝내는 것으로 계획할 수 있다. 이렇게 하면 업무를 체계적으로 할 수 있고, 정해놓은 시간까지 온전히 집중할 수 있다. 특히 쓸데없이 SNS를 하는 것을 미연에 방지할 수 있다.

또한 나는 3~5개 정도로 할 일을 정해놓는 편이다.

많은 일을 하겠다고 써 놓으면 마음은 편할지 모르지만, 쉽고 반복적인 일 40여개보다 중요한 일 3~5개에 집중할 때 훨씬 더 생산적인 경우가 많기 때문이다.

나는 하루 중 이메일을 가급적 늦게 확인하려고 노력한다. 다른 사람들이 나에게 이메일로 하고 싶은 얘기가 아닌, '내'가 세상에 말하고 싶은 얘기가 무엇인지에 집중할 수 있기 때문이다. 이메일은 엄청난 방해요인이기에 나는 가급적 무시하려고 한다. SNS도 마찬가지다. 나는 이메일과 SNS 둘 다 확인하는 시간을 미리 정해놓는다.

지금까지 내 아침습관에 대해서 이야기해봤다. 내 습관 중 마음에 드는 부분이 있을 수도 있고, 그와는 다르게 새롭게 시작하고 싶을 수도 있다. 하지만 상관없다.

지금부터 구체적인 여러 가지 방법들을 소개하겠다.

꽃들의 파티(유러피안)

당신이 아침습관에 추가할만한 활동 목록을 읽을 때, 나는 당신이 그것을 실천할 수 있다고 믿도록 돕고 싶다. 만약 '나는 절대 일찍 일어날 수 없다'고 생각하면서 이 책을 읽고 있다면 모든 것이 무용지물이 될 것이다.

그래서 나는 일찍 일어나기 위해 활용 가능한 실천계획을 제시하고 싶었다. 몇 가지 실천할 수 있는 방법을 소개하고자 한다. 다음의 방법들을 시도해보고 자신에게 가장 효과적인 방법을 찾길 바란다.

일찍 잠자리에 든다.

대다수의 사람들이 TV 프로그램 시청이나 인터넷 검색에 지나치게 많은 시간을 쓴다. 그 시간에 자신에게 훨씬 더 도움이 될 수 있도록 생활방식을 바꾸기 위해 노력한다면 삶의 질은 급격히 향상될 수 있다. 한 번 해볼 만하지 않은가.

밤에 알람을 설정하여 모든 일을 중단하고 한 시간 내에 잠자리에 들어야 함을 상기시키는 방법도 생각해 볼 수 있을 것이다.

알람시계를 먼 곳에 놓는다.

대부분의 사람들이 잠이 깼는데도 계속해서 '스누즈 버튼'을 누른다. 그러면 몇 분마다 깼다 자는 것을 반복하기 때문에 양질의 잠을 잘 수 없다. 차라리 방에서 알람시계를 먼 곳에 두기 바란다. 침대에서 나올 수밖에 없기 때문에 실제로 일어나기가 훨씬 더 쉬워질 것이다.

일어나자마자 물을 마신다.

활력을 얻고 잠을 깨는 데 도움이 된다.

14일간 일찍 일어나기로 다짐한다.

귀찮은 일이지만, 14일간 계속해서 한 시간 일찍 일어나기로 다짐한다. 그만두고 싶다는 생각이 들 때마다 14일만 참으면 된다고 기억하자. 자신의 몸 상태를 체크하고 어떻게 반응하는지 확인한다. 기분 좋은 결과에 놀랄 것이다. 특히, 늘어난 한 시간 동안 나에게 이로운 다양한 일을 할 수 있다는 생각을 해보면 충분히 실천할 가치가 있음을 깨달을 수 있을 것이다.

아침에 일찍 일어나고 싶어 하는 친구와 함께 약속을 한다.
둘이 몇 시에 일어나고 싶은지 확인하고 아침에 일어났다고 알리는 문자메시지를 서로 보내주기로 약속한다. 책임을 물을 수 있는 상대가 있다면 매우 강력한 동기부여가 될 것이다.

균형감각을 가진다.
《미라클 모닝》의 저자인 할 엘로드가 내 팟캐스트에 나왔을 때, 아주 중요한 점을 지적했다. 아침에 알람시계가 울릴 때, 우리는 삶으로부터 첫 번째 선물을 받은 것이다. 하지만 그와 동시에 삶의 첫 도전과제 혹은 시험에 직면하게 된 것이기도 하다. 우리는 특별한 삶을 원한다고 말한다. 그런데 우리가 우주에 보내는 메시지는 '아냐, 아냐, 아냐. 앞으로 10분 동안 여기에 의식 없이 누워있고 싶을 정도로 특별한 삶을 원하지 않아'이다. 그리고 알람이 다시 울리면, 당신은 다시 '그래… 지금 일어나면 더 나은 내가 될 수 있겠지. 하지만 나는 너무 게을러. 그저 누워있고 싶을 뿐이야. 나는 자제력이 없어'라는 메시지를 전달하는 것이라고 엘로드는 말했다.

엘로드는 또한 하루하루가 어떻게 선물일 수 있는지에 대해서도 말했다. 매일 아침 스누즈 버튼을 누르는 것은 우리가 삶에게 생존이라는 강력한 선물을 원하지 않는다고 말하는 것에 비유할 수 있다.

다음 날 일찍 일어난 자신의 모습을 상상해본다.

하루 종일 내가 어떤 기분일지, 무엇을 보고 어떻게 움직일지 상상해본다. 상상의 힘은 대단하다. 연구에 따르면 운동선수들이 결승점을 통과하는 모습을 상상하는 것만으로도 실제로 연습하는 것만큼 효과를 얻을 수 있다고 한다. 이처럼 아침에 일어나는 것을 상상하면 앞으로 다가올 일에 대한 마음의 준비를 할 수 있을 것이다.

(무언가를 기억하고 싶은데 당장 노트가 없을 때마다, 나는 가급적 빨리 그것을 적거나 그 행동을 취하고 있다고 상상한다. 이는 대단히 효과적인 방법이다.)

어떤 혜택이 있을지 기억한다.

알람이 울리는데 더 자고 싶을 때는, '이제 내 시간을 좀 가질 때다, 나는 더 건강해질 것이다, 혹은 엔도르핀이 더 생성될 것이다'라고 스스로에게 상기시킨다. 자신과의 약속을 지킨 것에 대해 스스로 뿌듯함을 느낄 수 있을 것이다.

아침에 자신이 좋아하는 일을 가장 먼저 하도록 계획한다.

매일 아침에 할 일을 미리 정하고 좋아하는 일을 계획하라. 기대되는 일이 있으면 훨씬 더 쉽게 침대에서 나올 수 있을 것이다. 즐거운 노래들을 선곡해놓거나, 산책을 간다거나, 운동수업에서 친구를 만나기로 계획할 수도 있을 것이다.

미리 모든 것을 계획해 놓는다.

차를 타 마실 계획이라면 가장 좋아하는 머그잔과 티백으로 시작하라. 스무디를 만들 계획이라면 모든 재료를 미리 썰어서 지퍼백에 넣어서 준비해둔다. 운동을 할 계획이라면 운동복을 미리 준비해놓거나 아예 운동복을 입고 자는 것도 방법이다.

보상을 만든다.

본인이 기쁜 것에서 동기부여를 받는 유형인 경우, 'O'일간 연속으로 일찍 일어나면 자신이 좋아하는 것으로 스스로를 보상하기로 한다. 자신을 위한 선물을 사거나 하루 일을 쉬는 것도 좋고, 자신에게 동기부여가 될 만한 것은 다 좋다.

치르게 될 대가를 만든다.

본인이 고통에서 동기부여를 받는 유형인 경우, 일찍 일어나지 않았을 때 어떤 대가를 치르게 되는지 생각해본다. 자신에게 그저 화가 날 수도 있고, 스스로 실패자라고 느낄 수도 있다. 혹은 스스로 자랑스럽지 않다고 느끼는 삶을 살게 될 수도 있을 것이다. 친구에게 돈을 주거나 뭔가 부끄러운 일을 하게 될 수도 있을 것이다. 나에게 가장 큰 동기부여가 되는 것이 무엇인지는 나 자신이 가장 잘 알 것이다.

모든 방법이 다 실패한다면, 천천히 시작하라.

여러 방법들을 시도해봤는데도 30분 더 일찍 일어나기 힘들면 점진적으로 시도하기 바란다. 며칠 동안은 본인이 평소에 일어나는 시간보다 15분 더 일찍 알람시계를 설정하고, 그 후에는 조금씩 늘려서 30분, 45분, 60분 더 일찍 설정한다. 수면시간이 그렇게 많이 달라지지 않으면 실천하기가 쉬워질 것이다. 평소보다 15분 더 일찍 일어나면 다음 장들에서 제안하는 것들 중 3가지를 골라서 시도해보기 바란다. 30분 더 일찍 일어난다면 6가지를 시도해보고, 그런 식으로 조금씩 늘려간다.

이 방법이 도움이 되길 바란다.

수면의 질을 향상시키고 싶다면 다음의 방법들이 도움이 될 수 있다.

대부분의 전자기기를 방에 두지 않는다.

자기 전 60분 이내에 휴대폰이나 아이패드를 이용하면 수면에 부정적 영향을 줄 수 있다.

자기 몇 시간 전부터는 카페인이나 설탕이 들어간 음식을 먹지 않는다. 이런 음식을 먹으면 잠들기 어려울 수 있다.

자기 직전에 술을 마시지 않는다.

자기 얼마 전에 술을 마시면 한 밤 중에 깰 수 있다.

백색소음기를 사용하는 것을 고려해본다.

백색소음기 소리를 듣고 상당한 안정감을 느끼는 사람들이 많이 있다. 또한, 대부분의 사람들의 뇌는 무작위의 소음을 들었을 때 깨어나도록 되어 있다. 백색소음기는 '뇌를 자극하는 신호를 줌으로써 뇌의 내부체계를 이완해준다'고 시애틀 노스웨스트 병원 수면센터(Northwest Hospital Sleep Center in Seattle)의 랄프 파스큐알리(Ralph Pascualy) 의무원장은 말한다.

잠자기 전에 숨을 깊이 들이마신다.

정신적인 스트레스나 불안을 안고 잠자리에 들면 잠드는 것이 훨씬 어려워지고, 질 높은 잠을 잘 수도 없을 것이다. 신경계를 진정시킬 수 있도록 잠자리에 들기 전에 몇 차례 깊은 숨을 들이마신다.

침대를 편안한 공간으로 만든다.

매트리스가 낡은 경우, 구입을 위해 돈을 모으기 바란다. 인생의 1/3은 침대에서 보낸다는 점을 잊지 말기 바란다. 또한, 수면의 질이 나머지 삶의 2/3에 많은 영향을 미친다.

멜라토닌을 복용한다.

잠드는 게 어렵다면 멜라토닌 복용을 고려해볼 수 있다. 대부분의 약국이나 건강 식품점에서 구할 수 있는 멜라토닌은 천연성분으로 되어 있고, 중독성 없는 호르몬으로 잠이 오지 않을 때 도움이 될 수 있다. 여행 중 시차에 적응해야 하거나, 다시 원래의 수면패턴으로 돌아가야 할 때 특히 유용하다.

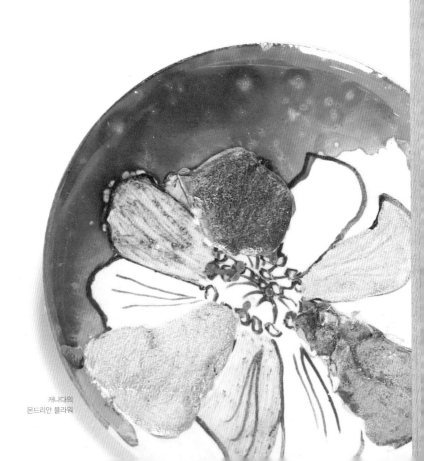

4장
....

아침습관

캐나다의
몬드리안 플라워

다음 장들에서는 매일 아침, 5분 내에 실천할 수 있는 아이디어 101가지를 소개하겠다. 마음에 드는 것들을 골라서 나에게 가장 잘 맞는 아침습관을 만들어 볼 수 있을 것이다.

이러한 생각은 S. J. 스콧의 책《하루 5분 습관쌓기(Habit Stacking : 97 Small Life Changes That Take Five Minutes or Less)》에서 얻었다. 책 제목을 보면서 저자가 소개하는 단순함이 참 마음에 들었다. 나는 그 책을 읽기 전에 목록을 만들었는데, 내 목록과 저자가 만든 목록이 겹치는 부분이 놀라울 정도로 많았다. 내가 소개하고자 하는 아침습관은 다음의 일곱 항목으로 분류할 수 있다.

• 사고방식	• 돈
• 대인관계	• 생산성과 목표설정
• 건강	• 즐거움
• 정리	

항목들을 보고 본인과 가장 관련 있다고 생각하는 몇 가지를 고르기 바란다. 처음에는 1~2가지를 선택해서 자신의 기존 습관에 추가할 수도 있고, 새로 시작하는 마음으로 6~7가지 새로운 항목을 선택할 수도 있을 것이다. 둘 다 좋은 방법이다.

여기에 있는 항목 모두 아침습관에 아주 쉽게 반영할 수 있다.

5장

정신을 고양하는
5분 습관

01
하루 동안 나를 이끌어줄
단어를 선택한다.

매우 단순한 얘기 같지만, 나를 하루 동안 이끌어줄 단어를
선택해 놓으면 어떤 하루를 보낼지에 대한 나의 관점을
형성할 수 있다.

어떤 하루를 보내고 싶은지 정해본다.

'즐거움', '편안함', '느긋함' 등 선택하고 싶은 단어를 고른다.

하루 동안 어떤 일이 발생하면 내가 선택한 단어를
어떻게 적용할 수 있는지 스스로에게 질문해 본다.

한 예로, 나는 여성 동료에게 이 방법을 시도해보도록 했다.

동료는 하루를 이끌어줄 단어로 '기쁨'을 선택했다.

그런데 그 날, 동료는 자신을 줄곧 괴롭혀오던
8년 전 자신에게 발생한 일련의 사건들을 떠올리게 됐다.

그 사건들을 생각하면서 동료는 어떻게 하면 자신에게 일어난
일들에 대해 '기쁠' 수 있을지 자문해봤다.

동료는 1분도 채 지나지 않아서 수년간 자신을 짓눌러왔던
스트레스가 완전히 사라진 느낌을 받고 놀랐다고 말했다.

02
달성하고 싶은 것을 상상해본다.

앞서 언급했듯이, 상상의 힘은 대단히 강력하다.
인생에서 달성하고 싶은 목표를 생각해본다.
목표를 달성하면 어떤 느낌일지, 어떻게 들릴지,
어떤 맛일지, 누가 그 목표와 연관이 될지에 집중한다.
머릿속으로 그리는 이미지가 본능적일수록,
나의 잠재의식을 통해 목표달성에 집중하기가 더 쉬워진다.
상상의 힘이 얼마나 강력한지에 대해 더 알고 싶다면,
맥스웰 몰츠와 댄 케네디가 공동집필한
《맥스웰 몰츠 성공의 법칙》을 강력 추천한다.

03
감사한 이유 목록을 만든다.

나와의 인터뷰에서 채드 해드셀(Chad Hadsell)은
몇 년간 자기계발 연구를 하면서 행복을 4가지 요소로 설명할
수 있음을 깨닫게 됐다고 했는데, 그 중 하나가 감사였다.
감사를 통해 더 행복해질 수 있고 피해의식에서 벗어나 좋은
일들이 눈에 보이기 시작하며, 더 낙관적인 사람이 될 수 있다.
감사는 자기중심적인 성향 완화, 자존감 개선, 질투심 감소,
행복감 강화에 효과가 있다고 입증된 바 있다.
감사의 힘은 상당히 강력하면서도 삶에서 실천하기 매우 쉽다.

04
정말로 아무것도 하지 않는다.

평소에 계속해서 압박감을 느낀다면,
몇 분간은 정말 아무것도 하지 말아보기를 권한다.
대부분의 사람들이 아침마다 쳐지고 스트레스를 받지만,
서두르지 않고 속도를 늦-출-수-있-다-고 스스로 말해보아라.
이것은 신경체계를 진정시키고, 흔들리지 않고
하루를 살아가는 데 도움이 될 것이다.

05
기도한다.

종교가 있다면 시간을 내서 기도한다.
최근에 원하는 만큼 내 영성에 귀 기울이지 못했다는
생각이 든다면 특히 도움이 될 것이다.

06
명상한다.

조용히 앉아서, 명상에 완전히 몰입해도 좋고
특정 단어를 나직이 내뱉고 들이마시기만 해도 좋다.
예를 들어, 깊은 숨을 들이마실 때마다
행복을 내 모든 세포에 불어넣는다고 상상하고,
숨을 내뱉을 때 몸속 스트레스를 내보낸다고 생각하는 것이다.

07
영감을 주는 오디오북이나 팟캐스트를 몇 분 듣는다.

준비하는 시간 내내 들어도 좋다.

08
감정자유기법(EFT)을 활용한다.

'가볍게 두드리기'라고도 알려진 감정자유기법(EFT)은
몸, 감정, 성과 측면에서 빠른 변화를 줄 수 있는 치유수단이다.
예를 들어, 침술에서는 우리 몸에 '기가 흐르는 통로'인
자오선이 14개 있다고 얘기한다.
이 자오선은 우리 몸속에서 모든 부정적인 감정들이 저장되어
있는 곳이다. 감정자유기법을 이용하여 자오선을 두드리는 것
만으로도 부정적인 감정을 배출할 수 있다.
대단히 '미신'처럼 들릴 수도 있지만, 그 효과는 엄청나다.
한 번 해보면, 몇 분 안에 변화를 느낄 수 있을 것이다.
따라서 판단하기에 앞서 한 번 해보고, 어떤 효과가 있는지
알려주기 바란다.
그럼 감정자유기법을 어떻게 하는지 간단히 소개하겠다.
우선, 내가 무엇 때문에 괴로운지 생각해보고, 괴로운 정도를
1에서 10까지 숫자로 나타낸다.
나를 괴롭게 하는 그 문제를, '내가 ＿＿＿＿ 할지라도,
나는 나를 깊이 사랑하고 수용한다'라는 문장에 넣어 말하면서 몸
의 특정 부위를 두드린다.
다음과 같이 말할 수 있을 것이다.

'직장에서 압도감과 스트레스를 받더라도
나는 나 자신을 깊이 사랑하고 수용한다.'

'내가 그 프로젝트를 크게 망쳤음에도
나는 나 자신을 깊이 사랑하고 수용한다.'

'남편이 지금 이 순간 싫더라도
나는 나 자신을 깊이 사랑하고 수용한다.'

'지금 이 순간 내 아이를 창문 밖으로 던져버리고 싶은
안 좋은 마음이 들지만 나는 여전히
나 자신을 깊이 사랑하고 수용한다.'

이런 말을 하면서 몸의 다양한 부위들을 두드린다.

처음에는 눈썹 안쪽(안쪽 모서리 뼈 위)을 두드리고, 그 후

눈 바깥 가장자리, 눈 밑, 코 밑, 턱 중앙, 위쪽 가슴, 팔 아래,

손날 부분(양손 새끼손가락 아래 측면의 말랑한 부위)을 두드린다.

이렇게 각 부위를 몇 차례씩 두드린다.

두드리면서 끓어오르는 감정에 놀랄 수도 있다.

하지만 그것이 바로 감정자유기법의 백미다.

감정을 일으켜서 분출될 수 있도록 하는 것이다.

한 차례 마친 후, 해당 문제가 나를 괴롭히는 정도를

숫자 1에서 10까지 중 몇인지 평가한다.

아마 처음보다 수치가 낮아졌을 것이다.

그 문제가 10까지 수치 중 1~2점으로 낮아질 때까지
두드리기 과정을 반복하면 된다.

09
영감을 주는 책이나 뉴스레터, 이메일을 읽는다.

지그 지글러(Zig Ziglar)가 한 말 중 내가 단연 최고로 꼽는 것
중 하나는, "동기부여는 오래가지 않는다고들 말한다. 사실 목욕
의 효과도 그렇다. 그래서 매일하기를 권장하는 것이다"이다.

10
자신의 직감에 집중한다.

아침은 직감을 활용하기 가장 좋은 때다.
아침에 일어나면 아직 하루 일과를 방해받지 않은 상태이고,
정신을 흐리게 만드는 요인도 없다.
아침이야말로 자신의 직감에 집중하여 상황에 대해
명확한 관점을 가질 수 있는 최적의 시간이다.
또한, 결정을 '자고 나서' 하겠다는 말을 알 것이다.
명확한 관점을 갖고 싶은 문제에 대해 결정을 내릴 수 있도록

자기 전에 내 잠재의식에게 도움을 청하는 것도

좋은 방법이 될 수 있다.

아침에 일어나서 바로 떠오르는 것을 적어보기 바란다.

(그런 이유로, 나는 침대 옆에 노트를 갖다 두는 것을 강력히 권한다.)

11
객관적인 시각을 가지려고 한다.

스트레스 받는 일이 있다면, 그 일이 장기적으로

내 인생에서 어떤 작용을 할지 생각해본다.

현재 내 위치를 생각해본다. 이 문제가 5년 후, 3년 후

혹은 6개월 후 얼마나 큰 영향을 주고 있을지 자문해본다.

다른 사람들이 겪는 문제와 비교했을 때

이 문제가 얼마나 심각한지 생각해보는 것도 좋다.

대부분의 경우, 객관적인 시각을 갖는 것만으로

현재 겪고 있는 문제를 떨쳐버리고 자신감을 회복할 수 있다.

감사의 힘은
상당히 강력하면서도
삶에서 실천하기
매우 쉽다.

연(蓮)

12

알지 못했던 내용이 담긴 기사나
책의 일부를 읽는다.

할 엘로드는 나와의 인터뷰에서 하루 평균 10분 독서를 하면
1년에 3,650쪽을 읽는 것과 같고 18,200쪽의 자기계발서를
읽는 것과 같다고 말했다. 하루 독서량을 5분으로 줄여도 연말
까지 책 9권의 분량을 읽는 셈이다.

13

나에게 영감을 주는 사람과
정신적인 대화를 나눈다.

'예수라면 어떻게 했을까' 라는 문구가 쓰여 있는 팔찌가 한동안
굉장한 인기를 끌었던 것을 기억하는가?
자신에게 영감을 주는 사람을 생각하며 똑같은 효과를 얻을
수 있다. 자신이 존경하는 사람을 떠올려보고, 그 사람이라면
특정 상황에서 어떻게 할지 자문하며 정신적인 대화를 나눌
수 있다. 그 사람과 식탁에 같이 앉아있다고 상상하고 그 사람이
어떻게 반응할지 생각해본다.
이러한 정신적인 대화는 삶에 새로운 관점을 부여할 수 있는

좋은 방법이며, 이를 통해 내 머릿속에서 새로운 답들이 나오는 것을 보고 놀라게 될 것이다.

내가 존경하는 사람처럼 생각하면 당연히 내가 지향하는 바에 가까워질 것이다.

14
고대 하와이인들의
용서행위를 이행한다.

미신 같지만 강력한 방법이 하나 더 있다.

바로, 호오포노포노(Ho'oponopono)라고 하는

고대 하와이인들의 용서행위로, 뭔가에 대한 부정적인 생각을 떨쳐버리고 싶을 때 해볼 수 있다.

아주 간단한 방법으로, 사실 나도 수년간 얘기만 듣고 잊어버리고 있었다.

내가 이 방법을 시도하게 된 이유가 있다.

몇 달 전 존경하는 작가의 경영서적을 읽었는데, 그 책에서 이 용서행위가 얼마나 강력한 효과가 있는지 강조했기 때문이다.

작가가 하도 강조해서 5분만 투자해보자는 생각으로 시도해 봤다.

스스로 위축되는 생각이나 누군가에 대한 분노 등 살면서 좋지

않은 일이 생길 때, '나는 너를 용서한다, 내가 미안하다,
나는 너를 사랑한다'라는 간단한 말 3마디를 하는 이 방법으로
자신의 관점을 바꿀 수 있다.

예전에 신경언어학을 공부하면서 우리의 믿음체계를 바꾸기가
대단히 쉬울 수 있다는 것을 알게 됐다.

생각해보라. 우리는 많은 것들을 자동적으로 결정한다.
우리는 지금보다 더 어렸을 때 무언가에 대해 어떻게 반응할지
딱 한 번 결정한다.

그 후부터 반복해서 같은 결정을 함으로써, 그것이 우리의
잠재의식 및 정상적인 삶의 방식으로 자리잡는다.

그러한 결정은 바닥에 수건이 떨어져있는 것을 볼 때마다
줍는 등 좋은 효과를 낼 수도 있고, 좋은 자동차를 갖고 있는
사람은 다 얼간이라고 생각하는 등 그렇게 좋지 않은 효과를
낼 수도 있다.

무언가에 대한 결정을 언제 가장 먼저 했는지 생각해보면,
그 결정의 힘이 풀리면서 같은 결정을 내렸던 때의
기억의 실타래도 풀리기 시작할 것이다.

이런 방식으로 위축되는 마음을 쉽게 제거할 수 있다.
그리고 호오포노포노 행위를 통해 그런 결정을 발견하고
그 힘을 약화시킬 수 있다. 용서행위를 시작했을 당시 나는
돈과 관련된 경영서적을 읽고 있었다.

나는 머릿속으로 돈이라는 주제를 생각하고 있었던 것이다.

책을 읽으며 나는 비싼 가격의 콘텐츠를 제공하는 것에 대해

내가 갖고 있었던 제한된 믿음에 대해 생각했다.

많은 사람들이 더 많은 비용을 청구해야 한다고 해도

나는 항상 아주 낮은 가격에 제품을 공급했다.

내가 높은 비용을 단 한 번도 청구하지 않은 이유는

내가 사람들에게 충분한 콘텐츠를 제공하고 있는지에 대한

의심 때문이었다.

또한 사람들이 그 콘텐츠에 만족하지 못할지도 모른다는 걱정,

그로 인해 그 콘텐츠가 충분한 가치가 없다고 여겨질 것에 대한

우려 때문이었던 것이다. 내가 그것을 위해 얼마만큼의 노력을

했는지와는 관계없이 말이다.

그래서 나는 머릿속 생각들을 정리하고, 충분한 가치를

제공할 수 없다는 판단을 처음 내렸던 때를 기억했다.

그리고 8, 9살 때 한 사업을 기억했다.

동네에 전단지 1,000장을 돌리고 회사에서 20달러를 받았었다.

그 때 나는 식료품점에서 서서 전단지를 돌렸다.

그 일을 가장 마지막으로 한 것은 식료품점 주인이 그만하라고

말했을 때였다.

사람들이 전단지를 바닥에 버리고 있었던 것이다.

나는 부모님과 함께 있었는데, 아버지가 "전단지를 돌릴 수

없다면 전단지 꾸러미를 7시부터 11시까지 둬서 필요한 사람들이 가져갈 수 있게 하자"라고 말씀하셨다.

나는 직접 전단지를 돌리겠다고 말했기에 그렇게 하지 못한 것에 대해 늘 죄책감이 있었다.

나는 호오포노포노 행위를 시도했고, 내 상황을 생각하면서, '나는 너를 용서한다'라고 말하며 어린 시절의 나 자신을 용서했다.

그런 후, '내가 미안해'라고 말하고 어린 시절의 나에게 사과했다. 그 후, '나는 너를 사랑해'라고 다시 말했다.

좀 이상한 이야기처럼 들릴 수 있다는 것을 알지만, 내 상황을 둘러싼 기운이 조금 배출되는 것을 실제로 느낄 수 있었다.

마치 아주 오랜 시간 동안 틀린 가사로 노래 부르고 있었음을 깨달았을 때와 같은 느낌이었다. 상황이 더 명확해지고 미래를 향해 나아갈 추진력이 생김을 느꼈다.

15
자유롭게 글을 쓰거나 기록하는 시간을 가진다.

내 인생에서 현재 일어나고 있는 일에 대해, 혹은 남은 하루를 멋지게 보내는 방법에 대해 몇 분간 기록해 본다.

자신이 가진 생각을 종이에 적어보는 것은 몸속에 자리하고 있는 많은 압박감을 해소시켜준다.

그리하여 새로운 마음으로 하루를 시작하는 데 도움을 줄 수 있다.

16
머릿속에서
나와 몸속을 들여다본다.

너무 많은 방해요인들이 우리의 생각과 관심을 차지하기 위해 끊임없이 경쟁하고 있다. 그런 상황 속에서 우리는 항상 우리 머릿속에서 살아가는 것 같다는 생각이 들 때가 있다.

우리 몸으로 다시 돌아가기 위한 좋은 방법은 실제로 자신의 몸을 느끼는 것이다. 잠시 시간을 내어 자신의 어깨, 양손, 배를 느껴본 후, 발이 땅에 닿아있는 것이 느껴질 때까지 내려가서 몸을 느껴보자.

바다, 토양, 땅 등 내 아래에 무엇이 있는지 생각해보고, 그러한 것들이 어떻게 나와 내 몸을 지탱하고 있는지 생각해 본다.

내 몸이 어떻게 느끼는지에 집중할 수 있게 되면, 나도 몸을 갖고 있다는 점을 상기하게 된다.

17
타인의 문제로부터
자유로워지려고 노력한다.

함께 있을 때 당신이 더 행복하도록 느끼게 해주는 사람이
있는가?

또 같이 있으면 더 우울하고 피곤해지며, 스트레스를 받게
만드는 사람이 있는가?

이를 '정서적 공감'이라고 한다. 현대 연구자들에 따르면,
감정이입을 잘하는 사람들은 타인의 감정에 자신을 이입하고,
타인의 두려움이나 불안을 감지했을 때 큰 스트레스를 받는다
고 한다.

실제로 그것을 뒷받침해주는 과학적 증거도 존재한다고 한다.
당신이 극도로 민감한 사람이라면 내가 무슨 말을 하는지
정확하게 알 것이다.

다른 사람들의 문제로부터 자유로워지기 위한 방법 중 하나는
자신의 척추에 뿌리를 두고 있는 '닻' 하나를 상상해보자.

그리고 그것이 세상의 중심에 붙어있다고 생각해보자.

나에게 영향을 주는 타인의 문제와 스트레스를 그 닻이 가져
가서 나는 다시 나와 내 몸으로 돌아온다고 상상해보아라.

그 다음 지구의 중심이 모든 문제를 가져가고 세계를 위한

연료로 재사용한다고 상상해보라.

닻이 정말로 다른 사람들의 문제들을 가져간다고 생각될 때까지 이 방법을 계속 해보아라.

극도로 민감한 사람으로서 장담하건대

대단히 효과적인 방법이다.

18
'그만 둘 것들' 목록을 만든다.

지금 하고 있는 일들 중 그만 둘 준비가 된 것들에 대한
목록을 만든다.

목록에는 불평하기, 미루기, 10시 넘어서 잠자리에 들기,
뒷담화하기, 엄마 탓하기, 9시 넘어서 먹기 등 다양한 것들이
포함될 수 있을 것이다.

처음에는 몇 가지로 시작해서 습관으로 만들고,

그런 후 새로 또 목록을 만든다.

19
창의력을 발휘한다.

창의력을 기르기 위한 정말 재미있는 방법이 있는데,
스토리큐브(Story Cubes)를 활용하는 것이다.

스토리큐브는 각 면에 무작위의 그림들이 있는 주사위 여러 개로 구성되어 있다. 주사위를 굴린 뒤 어떤 그림들이 나오는지 확인하고 그 그림들을 다 연결시켜 이야기를 만드는 것이다.

예를 들어, 벌, 물음표, 책 그림이 나오면, 이것들을 연결시켜 이야기를 만들 수 있다.

삶의 의미에 대해 질문을 던지는 벌에 대한 이야기를 할 수도 있을 것이다.

자신보다 나이 많은 벌들 중에 물음에 답할 수 있는 이가 없음을 확인한 벌은 도서관으로 날아갔고, 스스로 답을 구하고자 읽는 법을 독학으로 깨우쳤다는 이야기를 만들 수 있다.

스토리큐브를 사고 싶지 않다면, 종이에 여러 단어를 무작위로 적고 매일 아침 몇 개를 뽑아보는 것도 좋다.

스토리큐브를 살 의향이 있다면, 현재 시중에 나와 있는 다양한 종류의 제품을 검색해서 마음에 드는 박스를 사도록 하자.

이 방법은 재미있는데다 창의력을 향상시키며, 아이들과 함께 즐길 수 있다는 장점이 있다.

20
삶에서 최선이 아닌 것들에 대한 해결책을 찾는다.

무엇이든 해결책을 찾을 수 있다고 가정하고 행동하다보면, 살면서 얼마나 많은 문제들이 실제로 고민할 필요가 없었는지 깨닫고 놀랄 것이다.

내 삶에서 최선이 아니라고 생각되는 모든 것에 대해 그것을 어떻게 개선할 수 있는지 자문해보아라.

예를 들어, 매일 아침 아이들을 학교까지 차로 데려다주는 것이 별로 마음에 들지 않는다고 가정해보자.

많은 시간을 허비하게 된다는 이유에서 말이다.

자 이제, '아이들을 학교까지 차로 데려다주는 데 하루 40분을 쓰지 않을 방법이 있을까?'라고 자문해보고 해결책을 생각해보자.

다른 부모들에게 차량합승을 요청해볼 수 있다.

아이들 데려다주기 및 기타 직접 하고 싶지 않은 일들을 해줄 도우미를 고용할 수도 있다. 배우자에게 부탁하고 대신 배우자가 싫어하는 일을 해 주는 방법도 있다.

시간이 낭비되는 한 가지 이유가 아이들이 누가 앞자리에 앉을 것인지 계속 싸우기 때문이다. 이로 인해 많은 시간을 잡아

먹는다는 사실을 깨닫게 된다면, 누가 언제 앞자리에 앉을지에 대한 규칙을 세울 수도 있을 것이다.

또 다른 예로, 최근 실시한 인터뷰 내용을 얘기해보겠다.

진행자는 핀터레스트(Pinterest, 이미지 기반 SNS)에 푹 빠져서 매일 밤 한 시간씩 그것을 한다고 했다.

그러면서 그는 계속 죄책감이 든다고 내게 말했다.

진행자의 경우, '핀터레스트를 하는 것에 대해 죄책감이 들지 않도록 하려면 어떻게 할 수 있을까?'를 자문해봐야 할 것이다. 그것을 위해서는 여러 해결책이 있다.

죄책감을 느끼지 않기로 하고 그저 즐기는 것, 15분 후 사이트를 차단시키는 인터넷 앱을 사용하는 것, 어느 정도의 업무를 한 것에 대한 보상으로 핀터레스트를 하는 것 등 다양한 해결책이 있다.

일반적으로 문제에 대한 해결책은 끝없이 많다.

이렇게 해결책을 모색하는 것은 5분을 잘 쓸 수 있는 방법 중 하나이다.

21
평소와 달리
'예' 혹은 '아니오'라고 말한다.

평소에 주로 '아니오'라고 말한다면,
원래는 '예'라고 말하지 않았을 것들에 '예'라고 답하는 것을
재미있는 활동으로 생각해보자.
원래는 가지 않았을 수업에 간다거나,
상상해왔던 장거리 자동차 여행을 간다거나, 보통 같이 시간을
보내지 않았을 누군가와 함께 시간을 보낼 수도 있을 것이다.
반대로, 너무 많은 것들에 '예'라고 답하며 지나치게 많은 일들
을 하고 있다면, 매일 무언가에 '아니오'라고 말해보기로 한다.
가고 싶지 않은 저녁식사에 '아니오'라고 말하거나, 무언가를
자발적으로 하는 것에 '아니오'라고 말하거나, 원하지 않는 곳에
돈을 기부하는 것에 '아니오'라고도 말할 수 있을 것이다.
이렇게 나 자신을 위해 바꿔보아라.

22
거절에 익숙해져라.

최근 '거절 편지 100통'이라는 개념을 만든
티파니 한(Tiffany Han)이라는 여성을 우연히 만났다.
한의 블로그 글 전문은 http://tiffanyhan.com/100-rejection
-letters/에서 찾아볼 수 있다. 요컨대, 1년간 100차례 거절당
하는 것을 목표로 삼고 있다는 내용이었다.

거절당해도 괜찮다는 식으로 생각을 바꿈으로써 모든 '수락'은
덤이 되며, 거절을 경험하면 마음은 불편하지만 상처를 극복
할 수 있게 된다.

매일 5분씩, 누군가 거절할 만한 일을 해볼 수 있을 것이다.
출판사에 자신의 글을 보낸다거나, 어디 가서 값을 깎아달라
고 요구한다거나, 데이트 신청을 한다거나, 임금인상을 요구
한다거나, 누군가에게 멘토링을 해달라고 요청하는 등 다양한
시도를 해볼 수 있다.

6장

돈을 벌기 위한 5분 습관

국화(菊花)

23
들어오고 나가는 돈을 미리미리 파악한다.

정규직이더라도 자신이 무엇에 돈을 쓰고 있는지 더 잘 파악할 수 있도록 얼마가 들어오고 얼마를 쓰는지 확인하는 것이 좋다. 이를 통해 지금 가지고 있는 것에 대해 감사하고 풍족한 마음을 가질 수 있으며, 꼭 필요하지 않은 것에 돈을 쓰고 있진 않은지 확인할 수 있다.

24
'민트(Mint.com)'에서 자신의 전반적인 재정상황을 검토해본다.

민트(Mint)는 언제든 자신의 전반적인 재정상황을 정기적으로 확인할 수 있는 대단히 유용한 사이트다.

내가 갖고 있는 모든 신용카드, 페이팔(PayPal, 해외 인터넷 사이트에서 물건을 구입할 때 이용할 수 있는 온라인 결제 서비스) 내역, 담보대출(모기지), 대출, 은행계좌, 자동차대출 등 돈과 관련된 모든 정보를 입력하면, 사이트에서 총 부채액, 자산액, 총 순재산액을 매일 업데이트해준다.

25
자신의 재정적인 이야기를 점검한다.

데일리워스(DailyWorth.com)의 창립자 아만다 스타인버그 (Amanda Steinberg)에게서 배운 방법으로, 자신에게 힘을 주는 재정적인 이야기를 만들 수도 있다.

예를 들어, 자신이 경솔하게 돈을 쓰는 사람이라고 가정해보자. 그렇다면 어떻게 돈을 모으고 싶은지, 혹은 자신의 구매에 얼마나 책임지는지 등 나 자신을 위한 새로운 이야기를 만들 수 있을 것이다.

자신의 재정적인 상황에서 개선할 수 있는 부분이 있다면, 내가 달라지는 데 많은 도움이 될 수 있는 이야기를 새로 만들어 보아라.

26
미리미리 영수증을 정리한다.

내 경험상 영수증이 계속 쌓일 때까지 놔두면,
모든 것을 한꺼번에 해야 하는 세금납부기간이 됐을 때
며칠 밤을 고생하게 된다.
세금납부에 필요한 모든 영수증을 정리할 시간을 잠시 내서
적절한 봉투나 서랍에 보관하고 나서 다른 일을 해라.
아니면, '금융 금요일' 등을 정해놓고 일주일에 한 번씩
5분간 정리할 수도 있다.

27

돈을 벌기 위해
할 수 있는 일을 생각해본다.

돈을 더 많이 벌 수 있는 기회는 셀 수 없이 많다.

소액의 돈을 벌 수 있는 몇 가지 방법을 소개하겠다.

- 이베이(eBay)에서 사용하지 않는 물건을 판다.
- 엣지(Etsy)에서 공예품을 판다.
- http://www.oDesk.com을 통해 프리랜서 일을 공고한다.
- http://www.Fiverr.com에서 새로운 서비스를 광고한다.
- 자주 사는 것은 쿠폰이 있는지 찾아본다.
- 다른 사람의 잔디를 깎아주겠다고 제안한다.
- https://www.mturk.com/, http://rapidworkers.com/, https://leadgenius.com/worker/signup/, 혹은 http://www.Microworkers.com와 같은 단기 업무 사이트에 가입한다.
- http://www.MyFancyHands.com에서 일하기로 계약한다.
- 크레이그리스트(Craigslist)에 가서 무작위로 할 일을 찾는다.

사업을 하고 있는 경우라면, 일자리를 공고하거나,

새로운 제품 및 서비스를 만들거나,

책을 쓴 뒤 전자북으로 팔거나,

기존 고객들에게 할인코드를 제공할 수도 있을 것이다.
매일 5분간, 그 날 무엇을 할지 생각해볼 수 있을 것이다.
혹은, 단기적인 일을 하거나, 잠재적인 고객을 더 알아보거나,
일자리 공고를 내는 등 오래 걸리지 않는 일들을 수행할 수
있을 것이다.

28
주머니나 지갑 속에서 돌아다니는
동전들을 병에 넣어둔다.

지폐로만 돈을 쓰고 동전은 다 보관해두는 습관을 들이면
얼마나 많은 돈을 절약할 수 있는지 깨닫게 될 것이다.
여성들의 경우, 지갑이 훨씬 더 가벼워지는 것도 장점이다.

7장

대인관계를 향상시켜주는
5분 습관

캐나다의 몬드리안 플라워

29
고마운 사람에게
감사의 마음을 전하는
이메일을 쓴다.

항상 좋은 친구로 있어준 것과 같이
상대방에게 크게 감사할 일이나,
'어제 사무실에 과자 가져와줘서 고마워'처럼 작은 일에
대해서도 누군가에게 감사를 표할 수 있을 것이다.
감사 이메일을 씀으로써 감사한 마음을 더 가지려고
노력하게 될 뿐만 아니라,
다른 사람들에게 내가 그들의 존재감과 공을
인정하고 있다는 느낌을 줄 수 있다.

30
반려동물과 놀아준다.

평상시에 아침마다 스트레스를 받는다면,
반려동물과 놀아주는 시간을 가져보자.
둘 다 기분이 좋아질 것이다.

31
좋은 말이나 행동을 한다.

누군가를 위해 좋은 일을 한다.

옐프(Yelp, 대표적인 지역 기반 SNS로 식당, 백화점, 병원 등에 대한 평판을 모으는 서비스)에 리뷰를 남기거나 트위터에서 누군가에 대한 좋은 말을 공개적으로 올린다.

필요한 경우, 외부에 도움을 청해 나 대신 상대방을 칭찬해줄 수도 있다. 예를 들어, 나는 최근 식료품점 직원에게 대단히 고마운 일이 있었다. 나는 마이팬시핸즈(MyFancyHands - 내가 극찬하는 가상 도우미 팀)에 요청하여 식료품점 주인에게 전화를 걸어 얼마나 감사했는지 전하도록 시켰다.

32
오랜만에 친구와
5분간 전화 통화를 한다.

예전만큼 친구와 연락할 시간이 없는 경우가 많다.
바쁜 나날을 보내고 있다면,
친구와 정기적으로 5분간 통화하는 시간을 가져보자.
각각 자신의 근황에 대해 2.5분씩 얘기한다.

필요한 경우, 타이머를 설정한다.

매일, 이틀에 한 번, 혹은 일주일에 한 번 해도 좋다.

원한다면, 여러 명의 친구들과 통화해도 좋다.

전화를 길게 해야 하는 부담 없이,

친구들과 지속적으로 연락하며 소통할 수 있는 좋은 방법이다.

33
자녀들 앞에서는 바보가 된다.

평상시 아침에 스트레스를 받는 사람이라면,

재미있는 일을 해보자. 기분이 좋아질 것이다.

자녀들과 함께 노래에 맞춰 춤을 추거나,

익살스런 표정을 짓거나, 웃긴 말을 해보면 어떨까?

34
한 주간 집에서 지킬 규칙을 세운다.

집에서 해야 하는 특정한 일에 대해 규칙을 세워 일이

원활하게 돌아갈 수 있도록 할 수 있을 것이다.

예를 들어, 누가 무슨 요일에 설거지를 할 것인지,

누가 차의 앞자리에 앉을 것인지,

누가 쓰레기를 버릴 것인지 등에 대한 규칙을 세울 수 있다.
누가 무엇을 할지에 대한 규칙과 질서가 서면,
더 쉽게 일을 해나갈 수 있고 화날 일도 크게 줄어든다.

35
중요한 문자 메시지에 답을 보낸다.

나처럼 다른 사람들에게 답장을 보내는데 오래 걸린다면,
매일 정해놓은 시간 동안 중요한 문자 메시지에 대한
답을 보내보자.

36
배우자에게 친절을 베풀어보자.

배우자의 컴퓨터에 칭찬의 메시지가 적힌 메모를 붙여보자.
또는 아침에 스무디를 만들어 주거나 편지를 써서
배우자의 지갑에 넣어둘 수 있을 것이다.
화이트보드를 만들어서 배우자를 사랑하는
새로운 이유를 매일 써 놓을 수도 있을 것이다.
배우자를 행복하게 할 수 있는 일이 무엇인지 자문해보고
실천해보아라.

37
안부를 묻는
이메일을 보낸다.

바쁘면 답할 필요 없으며, 단지 내가 그 사람을 생각하고 있고
안부를 진하고 싶었다는 메시지를 전할 수 있다.
또한, 그 사람에게 감사하는 일 몇 가지에 대해 적을 수도
있을 것이다.
누구나 자신이 남들에게 존재감이 있다고 생각하고
자신의 공을 인정받는 것을 좋아한다.
특히, 아무런 조건(이메일 답장 의무)이 달려있지 않다면
더욱 그러하다.

38
다른 사람의 관점에서
생각해본다.

누군가로 인해 괴로운 상황이라면,
그들의 시각으로 생각해보는 시간을 가져본다.
감정이입은 각종 논쟁 해결에 대단히 효과적인 방법이다.

8장

생산성과 목표설정을 위한
5분 습관

국화(菊花)

39
오늘 가장 중요한 과제 3가지를 정한다.

전날 밤에 하지 못했다면, 잠시 시간을 내서 하루가 끝나기 전
까지 달성하고 싶은 가장 중요한 목표 3개를 설정한다.
이미 할 일을 정해놨다면, 하루계획을 명확히 세울 수 있도록
머릿속으로 점검해본다.
몇 가지에 중점을 두고 하루를 시작하면 이메일, SNS 등
새로 발생하는 일로 하루가 좌지우지 되지 않고
자신의 목표 달성에 진전을 이룰 수 있을 것이다.

오늘 가장 중요한 과제

☐

☐

☐

40

어제 무엇을 했는지,
오늘 무엇을 할 계획인지
다른 사람에게 이메일로 알린다.

자신의 목표 달성에 대해 동기를 부여받고 유지하기 위한
또 다른 좋은 방법은 책임을 물을 파트너를 두는 것이다.
날마다 진전 상황을 공유하고 책임을 물어줄 친구나
작은 집단을 두는 것은, 일하기 싫은 날에도
계속 목표를 추구할 동기부여가 될 수 있는 좋은 방법이다.

41

전날 이룬 진전을 되새겨본다.

매일 몇 분간, 전날 무슨 일이 있었는지
되새겨 볼 수 있을 것이다.
잘한 일은 자축하고, 시정할 필요가 있는 일은 해명해보는
시간을 가질 수 있다.
예를 들어, 누군가와 문자로 길게 대화해서 마지막 과제를
완수하지 못했음을 알았다면, 오늘은 중요한 일을 완수할
때까지 전화기를 먼 곳에 두기로 결심할 수 있을 것이다.

42
소통하고 싶은 사람 1~3명에게
트위터 메시지를 보낸다.

개인 사업을 하고 있는데 일부 업계 대표들과 소통하고
싶다면, 알고 지내고 싶은 사람 1~3명에게 사려 깊고 지적인
메시지를 보낸다.
매일 당신의 이름을 본 사람들은 결국 당신의 프로필을 눌러볼
것이고, 이것이 관계를 형성하기에 좋은 기회가 될 수 있다.
물론 보장된 것은 아니다.
그래도 해볼 가치는 있을 것이다.

43
시간을 낭비하는 사이트를 차단한다.

1분간 페이스북이나 트위터와 같은 사이트,
혹은 이메일 계정을 보지 못하도록 컴퓨터를 차단해서
아무런 방해를 받지 않고 오늘 가장 중요한 과제에 집중할 수
있도록 한다.
맥(Mac) 컴퓨터가 있다면 http://www.SelfControl.com에서
유용한 앱을 무료로 구할 수 있다. 개인용 컴퓨터가 있다면
http://www.FocalFilter.com 에서 무료 앱을 구할 수 있다.
두 앱 모두 차단할 사이트와 차단시간만 정하면 사용가능하다.

44
의제를 만든다.

미팅이나 전화통화 약속이 있다면 몇 분간 의제를 구상하는
시간을 갖는다. 미팅의 초점이 무엇이 될지 사람들에게 명확히
말할 수 있으면 집중력과 효율성이 증대될 뿐 아니라 쓸데없는
수다로 시간을 허비하는 것을 방지할 수 있다.

45
부담되는 과제는 쪼개라.

마치고 싶지만 부담감이 들어서 선뜻 시작하기 힘든 일이
있다면 충분히 쪼개지 않아서 그럴 수 있다.
끝마치고 싶은 과제를 골라 가급적 쉽게 단순화해라.
대형 프로젝트를 완수하고 싶다면 그 프로젝트를 완수하기
위해 필요한 모든 단계를 적어 내려간다.
너무 부담스럽게 느껴지는 단계가 있다면 더 단순화한다.
예를 들어, 블로그 포스트를 만드는 단계가 필요하다고 하자.
너무 부담스럽다면, 단순화하여 개요쓰기부터 시작해본다.
프레젠테이션을 준비해야 한다면, 잠깐 시간을 내서
프레젠테이션에 넣고 싶은 내용이나 요점 등을 다 적어본다.
부담이 되는 일은 더 많이 쪼갤수록 그 일을 수행하고
계속 발전시키기가 실제로 더 쉬워질 것이다.

46
외부의 도움을 이용한다.

할 일들에 대해 1분간 생각해보라.
다른 곳에 맡길 수 있는 일이 있을까?
파이버(Fiverr.com)에서 누군가를 고용하거나 마이팬시핸즈에
서 나 대신 누군가가 일을 완수해주도록 할 수 있다.
오데스크(oDesk.com)나 엘랑쎄(elance.com)에 광고를 올릴 수도
있을 것이다. 비용대비 효율적인 방식으로 외주를 줄 수 있는
업무가 있다면, 다른 곳에 맡기고 자신의 핵심강점에 집중하라.

47
내가 종사하고 있는
업계 관련 블로그를 훑어본다.

5분간 자신이 종사하고 있는 업계에서 가장 인기 있는
블로그의 게시글을 훑어볼 수 있을 것이다.
몇 시간이나 들이지 않고도 현황에 대한 감을 얻을 수 있도록
헤드라인 위주로 훑어본다.

48
각 업무에 대해 타이머를 설정한다.

http://rachelrofe.com/kindle에서 내가 가장 좋아하는
생산성 툴(tool)을 무료로 내려 받을 수 있다.
이 툴을 사용하려면 하루 동안 끝마치고 싶은 모든 과제와
각 과제를 끝내기까지 걸리는 시간을 함께 정할 수 있다.
할당한 시간이 되면 타이머가 울리기 때문에, 집중력을 유지할
수 있으며 정해놓은 계획을 실천할 수 있는 재미있는 방법이다.

49
동영상을 만든다.

개인 사업을 하고 있거나 계획하고 있다면 콘텐츠 제작이
아주 큰 도움이 될 수 있다.
좋은 콘텐츠를 많이 내놓을수록 사람들이 나에 대해 알 기회를
더 많이 갖게 된다. 사람들이 알지 못했던 것을 배울 수 있도록
도와주면, 자연스럽게 나에 대해 더 많이 알고 싶어하고
함께 사업을 하고 싶어할 것이다.
그런 맥락에서, 매일 5분을 투자해서 짧지만 정보가 가득한
동영상을 만들 수 있다.

더 쉬운 방법이 있다. 각 달이 시작될 때, 만들고 싶은 동영상 목록을 작성하는 날을 정해 놓는 것이다.

그런 후, 아침마다 그 목록을 보고 그 날의 동영상을 만든다.

50
머릿속을 깨끗이 한다.

해야 할 모든 일에 대해 압박감 혹은 불안감이 든다면 머릿속에서 떠돌아다니는 모든 것을 몇 분간 적어본다.

종이에 써보면 결코 머릿속에 있을 때만큼 나쁘지는 않다는 점을 깨닫고 놀랄 것이다.

종이에 목록을 써보면, 각각의 할 일에 대한 계획을 하나씩 세울 수 있기 때문에 훨씬 더 감당할만하다는 느낌을 받게 된다.

9장

건강을 위한
5분 습관

꽃들의 파티
(유러피안)

51

아침에 일어나자마자
물 0.029574 리터 이상을 마신다.

큰 유리컵에 물을 담고 침대 옆 탁자에 두면,
아침에 일어나자마자 물을 마실 수 있다.
이를 통해 수분을 섭취하고 많은 에너지를 얻을 수
있을 것이다.

52

스무디를 만든다.

스무디 만드는 것은 놀라울 정도로 간단하다.
5분이면 스무디 한 잔을 만들 수 있다.
전날 밤에 재료를 잘라놓고 다음 날 믹서기에 바로 넣을 수
있도록 준비해 놔도 좋다.

53
테니스공으로 마사지한다.

몸에 뭉친 부위가 있다면 테니스공을 바닥이나 벽에 놓고
그 위에 뭉친 부위를 대고 문지른다.
'발통점 치료'라고 알려져 있는 이 방법은
놀라운 효과를 낼 수 있다.
예를 들어, 테니스공을 바닥에 놓고 그 위에 등을 대고
문지르면서 뭉친 곳을 풀 수 있다.
어느 부위든 뭉친 곳이 있다면 해볼 수 있는 방법이다.

54
마른 솔질을 한다.

내 아침습관을 소개할 때 얘기했듯이, 마른 솔질은 몸에 아주
이로울 수 있다. 마른 솔질을 하려면 자연모 솔을 이용하고,
몸을 솔질 할 때 발바닥부터 시작한다.
심장 쪽으로 원을 그리며 솔질하고, 배 쪽으로 가서는 시계
방향으로 솔질한다.(결장의 움직임을 흉내 내는 것이다.)
피부가 발그레해지고 약간 얼얼해질 때까지 3~5분간 반복한다.
그런 후 샤워를 하면 죽은 피부세포가 물에 씻겨 내려갈 것이다.

55
심호흡을 한다.

5분간 심호흡하기 위해 타이머를 맞춰 놓는다.

혼란스런 일들이 많이 있을 때 신경계를 진정시키고 내면의 안도감을 갖도록 해 줄 것이다.

심호흡을 할 수 있는 방법은 다양하기 때문에 자신에게 가장 적합하다고 생각되는 방법을 고르면 된다. 들이 마시고 내쉬기를 각각 8초간 하고, 조금씩 시간을 더 늘려간다.

숨을 들이마시면서 '평화'와 같은 특정 단어를 삶에 불어넣겠다는 생각을 하고, '스트레스' 같은 것들은 내 삶 밖으로 배출한다는 생각으로 숨을 내쉰다.

심호흡에 관한 도움이 필요하다면 스마트폰 앱 스토어에서 검색해보기 바란다. 도움이 될 만한 앱들이 많이 있다.

56
하루 동안 먹을 간식을 봉지에 담아둔다.

내 성공을 위해 하루 동안 먹을 건강한 간식을 준비해둔다.

과일, 아몬드, 당근, 샐러리 작은 한 봉지, 가지고 다닐 수 있는 땅콩버터 혹은 아몬드 버터 꾸러미, 라라바(Lara bar, 다이어트

영양바의 한 종류), 유바(YouBar, 영양바의 한 종류), 카인드바(Kind bar, 씨리얼 바의 한 종류), 혹은 완숙달걀 등 선택의 폭은 넓다.

57
오일풀링

많은 전문가들이 오일풀링(oil pulling, 기름을 한 숟가락 입안에 넣고 가글링 하는 것)을 입안 해독효과, 치아미백, 잇몸 건강, 입 냄새 예방에 좋은 방법으로 적극 추천하고 있다.
충치에 도움이 된다는 얘기도 있다.
오일풀링을 하는 방법은 기름(주로 코코넛기름이나 참기름)을 입안에서 최소 5분간 굴리는 것이다.
1분 정도 지나면 훨씬 쉬워지고 맛도 사라지니 너무 걱정할 필요 없다. 다하고 나서 기름을 뱉고 이를 닦는다.(보통 사용하는 칫솔 대신 다른 칫솔을 사용하는 것이 더 좋다.)

58
식단을 미리 계획한다.

간식, 점심, 저녁으로 무엇이 먹고 싶은지 미리 파악하라.
건강한 식단을 머릿속에 염두에 두고 있다면 순간의 만족을 위해 즉흥적인 결정에 따른 식사를 하지 않을 것이다.

대신 점심이나 저녁 먹을 시간이 됐을 때 어떻게 해야 할지 정확히 판단이 설 것이다.

59
스쿼트, 팔굽혀펴기, 플랭크 운동을 한다.

매일 몇 분 간 스쿼트와 팔굽혀펴기를 한다.

전날 몇 회 했든지 간에 전날보다 더 많이 할 수 있는지 시도해본다.

1분간 플랭크 운동을 하고, 조금씩 3~5분까지 늘린다.

60
차 한 잔을 타서 마신다.

티백 차를 마셔도 좋고, 상황에 맞게 나만의 차를 만드는 법을 배울 수도 있다. 집중력, 에너지, 혹은 특정 건강문제 개선 등 자신의 필요에 맞는 허브를 인터넷에 검색해서 찾을 수 있다. 동네 건강 식품점에서 필요한 허브들을 사서 차 그릇에 넣은 뒤, 끓는 물을 넣으면 된다.

61
전기찜솥으로 저녁을 준비한다.

전기찜솥을 이용하면 많은 시간을 들이지 않고도 손쉽게 맛있으면서도 건강한 요리를 만들 수 있다.

사람마다 '건강'의 정의가 다르겠지만, 최대한 많은 도움을 주고 싶은 마음에, 전기찜솥을 이용하여 만들 수 있는 '건강한' 조리법 50개가 있는 사이트(http://hellonatural.co/50-healthy-slow-cooker-meals/)를 소개한다.

구글을 검색해보면 더 많은 조리법을 찾을 수 있다.

정말 다양한 조리법들이 나와 있다.

시간을 더 절약하고 싶다면, 주중 초반에 저녁식단 계획을 미리 세워라. 모든 재료를 지퍼백에 준비해 두고, 매일 아침 그 날의 지퍼백 재료를 꺼내서 전기찜솥에 넣기만 하면 식단에 대한 걱정 없이 하루를 보낼 수 있다.

62
아침식사를 준비한다.

가장 좋은 아침식사 습관은 매일 같은 종류의 음식을 먹는 것
이지만 약간의 변화를 시도하기를 권한다.

예를 들어, 하루는 딸기가 들어간 스무디, 다음 날은 파인애플이
들어간 스무디를 만들어 본다.

혹은, 하루는 블루베리가 들어간 오트밀, 다음 날은 건포도가
들어간 오트밀, 그 다음날은 크랜베리 오트밀을 준비해본다.

매일 같은 종류의 음식을 먹으면 새로운 식단을 생각할 필요가
없기 때문에 편하다. 그러면서 약간의 변화를 주면 매일 똑같은
일상이라는 생각이 들지 않을 것이다.

63
뜨거운 물 - 찬 물 샤워를 한다.

상당히 괴로운 일이지만 뜨거운 물 - 찬 물 샤워(1분간 뜨거운
물로 샤워한 후, 차가운 물로 샤워하고, 다시 뜨거운 물로 샤워하기를
몇 분 간 반복하되, 항상 차가운 물로 샤워를 마무리함)는 건강에 정말
좋다. 뜨거운 물 - 찬 물 샤워는 혈액순환, 지방연소, 운동 후
회복, 양질의 수면, 정신각성에 도움이 된다.

64
5분간 요가를 한다.

아침에 일어나서 스트레칭부터 하면 기분이 정말 좋아질 때가 있다. 내 몸과 소통하는 느낌을 받고 긴장이 풀리며, 하루에 필요한 활력을 얻을 수 있는 좋은 방법이다.

해볼 수 있는 요가자세는 다양하다. 구글 검색을 잠깐 해보면 자신의 목적에 맞는 요가자세를 찾아볼 수 있다.

내가 검색해보니 다음과 같은 결과가 나왔다.

- 활력을 얻기 위한 아침 요가자세
- 초심자가 집에서 할 수 있는 아침 요가자세
- 입덧에 좋은 요가자세
- 이른 아침에 좋은 요가자세

65
산책을 한다.

살고 있는 아파트 단지를 돌거나, 공원 등에서 보통 5분간 걷는다. 어떤 사람은 산책이 하루 중 유일하게 밖에 나가는 시간일 수 있다. 산책하면서 아름다운 주변을 감상해보자.

꽃과 이웃들이 집을 어떻게 꾸며놨는지를 보거나, 그저 바깥 기온(기온이 어떻든)을 느껴보는 것도 좋다.

산책시간을 10분으로 늘리면 그 후 2시간 내내 활기찬 느낌을 받을 수 있다는 연구결과도 있다.

66
오르가즘을 느껴본다.

여기에다 이런 얘기를 하게 될 줄은 몰랐으나, 건강에 아주 많은 도움이 되기 때문에 적지 않으면 오히려 결례라고 생각했다.

오르가즘을 통해 감염저항 세포가 최대 20퍼센트 증가하고, 옥시토신(유대감 및 전반적인 성공과 연관성이 있는 화학물질)이 증가하며, 엔도르핀이 활성화되고, 몸 속 DHEA(뇌 기능 개선, 균형 잡힌 면역체계, 피부건강에 도움이 됨) 수치가 급증하며 편두통이 사라지고, 스트레스가 해소될 수 있다고 한다.

또한 통각역치를 높여줄 수 있으며, 한 연구에 따르면 오르가즘을 더 많이 느낄수록 수명도 길어진다고 한다. 여성이라면 출산율 증가 및 에스트로겐 수치 개선에도 도움이 된다.

내 친구인 오 액츄얼리(O Actually - 여성 대상 성인오락 기업) 창립자는 최근에 여러 친구들에게 30일 '오르가즘 도전과제'를 제시했다.

평균적으로, 남성은 3~5분 안에 오르가즘을 느낀다.

여성은 어떻게 오르가즘에 이르는지에 따라 걸리는 시간이 달라질 수 있다. 브라운 대학 연구보고서에 따르면 여성은 자위행위를 통해 4분 안에 오르가즘을 느낄 수 있다고 한다.

67
평소에 잘 사용하지 않는 손을 사용한다.

평소에 자주 쓰지 않는 손으로 일을 하는 것은, 뇌세포를 자극할 수 있는 아주 좋은 방법이다.

예를 들어, 보통 오른손으로 이를 닦는다면 왼손으로도 닦아본다.

글씨 쓸 때, 설거지 할 때, 아침에 스무디를 만들 때, 몸을 씻을 때, 물건을 들 때도 해볼 수 있다.

처음에는 어색하지만 시간이 지나면서 뇌는 다시 훈련되고,

뇌가 익숙하지 않았던 일을 수행하는 법을 익히게 되면서 새로운 신경경로가 생겨 뇌의 인지력과 창의력이 자극될 수 있다. 단순히 재미있기도 하다.

68
눈 운동을 한다.

시력이 좋은 편이 아니라면 시력을 개선하기 위해 해 볼 수 있는 다양한 눈 운동법이 있다. 나는 개인적으로 몇 가지 운동을 한 뒤 며칠 안에 시력이 크게 개선되는 것을 느꼈다.

내가 가장 좋아하는 눈 운동은 http://drtheresa.com/ 운영자 테레사 네스빗(Theresa Nesbitt) 박사에게서 배운 방법이다.

네스빗 박사는 자신의 시력문제를 눈 운동으로 치유했고, 눈 운동을 하면 라식수술을 받지 않고도 같은 결과를 얻을 수 있다고 실제로 나에게 알려줬다.

네스빗 박사가 내게 보여준 방법 중 하나는 양손을 몇 초간 비빈 후 눈앞에 두고 아주 어두운 지점을 집중해서 보는 것이다.

1분간 그 어두운 곳을 바라본다. 눈 속 독소가 씻겨나갈 것이다. '시력개선을 위한 눈 운동'을 검색해보면 다른 많은 방법을 찾아볼 수 있다.

69
리바운더를 이용한다.

리바운더(rebounder)는 소형 트램펄린으로 아주 재미있을 뿐 아니라 건강상의 이점도 많다.

리바운더는 1980년 미 항공우주국(NASA)에서 우주인들이 우주에 갔다가 돌아와서 뼈와 근육 질량을 다시 늘리는데 도움이 되는 방법을 강구하던 중에 인기를 얻었다. 나사는 리바운더 위에서 뛰는 것이 대단히 큰 도움이 되며, 뛰기와 같은 운동보다 세포개선이 더 깊숙하고 빠르게 나타남을 확인했다.

리바운더는 림프계에도 굉장히 큰 도움이 된다.

소화를 도와주고, 활력을 주며, 산소순환에 좋고, 균형감각에도 도움이 된다.

70
줄넘기를 5분간 한다.

줄넘기는 다시 아이로 돌아간 기분으로 할 수 있는 재미있는 운동이다. 줄넘기는 체중감량, 전반적인 심혈관계 건강, 근육 긴장 강화 등 다양한 건강상의 이점을 갖고 있다.

71
헬스클럽 가방을 미리 싸둔다.

헬스클럽에 더 자주 가려고 하고 있다면 지금 가방을 싸 둬라. 필요한 모든 것을 가방에 넣어서 미리 준비해 놓으면, 스스로 계속 '가야하는데' 준비가 안 됐다고 생각하기 보다는 헬스클럽에 들르게 될 가능성이 훨씬 더 커진다.

72
헬스클럽 수업 시간표를 짠다.

나는 http://www.urbananimalwellness.com/의 운영자 지니 존슨(Ginny Johnson)으로부터 다음과 같은 좋은 아이디어를 얻었다.

매일, 혹은 일주일에 한 번씩, 다니고 있는 헬스클럽 웹사이트에 가서 원하는 수업을 확인한다. 그 수업이 전화 통화나 회의만큼 중요하다고 인식할 수 있도록 달력에 표시한다.

친구들에게 어떤 수업을 듣는지 지체하지 않고 알리면 자기 자신에게 보너스 점수를 부여한다.

운동도 하고 친구들과 소통할 시간도 갖게 될 것이다.

73
햇볕을 쬔다.

아침에 일어났는데 날이 밝다면 몇 분간 햇볕을 쬔다.
햇볕을 쬐면 세라토닌이 활성화된다.
또한 밖에 나가서 자연을 느낄 수 있으며 우리 몸이 많이 필요로
하는 비타민 D를 얻을 수 있다.

74
정유(방향유)를 사용한다.

정유(Essential Oils)는 전 세계적으로 천연약품으로
사용되고 있는 허브 추출물이다.
정유는 여러 가지 방식으로 사용될 수 있다.
약간의 정유를 몸에 직접 발라도 되고,
디퓨저로 향기를 맡을 수도 있으며, 먹을 수도 있다.
다양한 목적으로 사용될 수 있는 각종 정유가 있다.
스트레스 해소, 분노관리, 전반적인 독소제거, 집중력,
소화 외에도 아주 다양한 목적으로 쓸 수 있는 정유들이 있다.
특히, 정유를 몸에 발랐을 때 큰 효과를 볼 수 있는 이유는,
피부와 세포막에 바로 침투될 수 있기 때문이다.

불과 몇 초 안에 혈액과 조직으로 퍼져나갈 것이다.

100퍼센트 천연 정유를 사용하면 그 효과를 더 빨리 볼 수 있을 것이다.

아침에 사용할 수 있는 정유의 종류도 다양하다.

필요한 정유의 종류('스트레스 해소를 위한 정유' 등)를 검색해 봐도 좋고, 일반적인 정유를 사용해도 좋다.

아침에 사용하기 좋은 정유로는 레몬(기분을 좋게 해주고 독소제거에 탁월함)이나 페퍼민트(감각기관을 깨우는 데 도움이 되며 전반적인 생기를 줌)가 있다. 둘을 같이 사용해도 좋다.

나는 개인적으로 도테라(DoTerra) 정유를 사용한다.

도테라 정유에 대해 더 알고 싶거나 구입할 의사가 있다면 내 친구인 베키(Becki)가 운영하는 사이트(http://modernessentialoils.com/)에서 많은 정보를 얻을 수 있다.

75
아침을 먹기 전과 후에
어떤 기분인지 확인한다.

http://www.urbananimalwellness.com 사이트 운영자
지니 존슨 덕분에 나는 음식을 먹기 전과 후의 기분을 확인해
보게 됐고, 이를 통해 많은 혜택을 봤다.
먹기 전과 먹고 나서 약 45분 후의 배고픈 정도와, 먹기 전과
후의 신체적, 감정적 느낌을 1에서 10까지 숫자로 나타내본다.
하루 동안 매 끼니마다 해보면 더 좋다.
내가 그랬던 것처럼, 이것을 하다보면 예상하지 못한 특정
음식을 먹고 나서 계속 피로감이 든다는 것을 알게 될 것이다.
예를 들어, 나는 아침에 치킨소시지를 자주 먹곤 했는데,
치킨소시지를 먹고 나면 항상 피곤하다는 것을 알게 됐다.
감자 역시 먹고 나면 항상 피로감을 느꼈다. 반면, 아침에
스무디나 특정 오트밀을 먹으면 기분이 정말 좋았다.
내 친구도 먹기 전과 후의 기분을 평가해봤는데, 놀랍게도
시금치를 먹고 나면 항상 피로감을 느꼈다고 한다.
자신의 감정을 평가해보면 놀랄 수도 있고, 기존에 갖고 있던
생각을 재고하게 될 수도 있으며, 장기적으로는 기분이 훨씬
더 좋아질 것이다.

76
회사에 들어갈 때
평소보다 더 멀리 주차한다.

더 멀리 있는 주차장에 주차해서 회사까지 걸어가는 시간을
늘려본다. 운동이 될 뿐 아니라, 연구에 따르면 한 시간 앉아
있을 때마다 5분간 걸으면 계속 앉아 있을 때 생기는 장기적
인 부작용이 실제로 상쇄된다고 한다.
더 먼 곳에 주차함으로써 사무실까지 5분, 사무실에서 나와서
5분, 수고하지 않고도 5분씩 두 번 걷게 된다.

77
얼굴에 투자하는 시간을 늘린다.

클렌징, 박피, 혹은 수분크림 바르기 등 얼굴에 시간을 투자하
라. 피부에 도움이 되고 하루 종일 한층 더 깨끗해진 느낌이
들 것이다. 이를 치실로 청소하는 시간을 따로 갖는 것도 좋다.

78
영양보조제, 녹색파우더,
혹은 밀싹주스 한 잔 등
내게 이로운 것을 섭취한다.

마실 수 있는, 혹은 마셔야 하는 영양보조제나 녹색음료가 있다.
계속 잊어버리고 있다면, 매일 마시는 습관을 들여라.

영양보조제를 복용하고 있다면, 보조제 통을 매일 아침에
볼 수 있도록 치약 근처에 놓거나, 커피머신 근처,
혹은 조리대 위 잘 보이는 곳에 둔다.
녹색파우더나 밀싹의 경우, 매일 아침 보이는 곳에 컵을 두고,
그 컵은 녹색파우더 음료나 밀싹주스 용으로 지정한다.
그 컵을 보면 행동으로 옮겨야 한다는 생각이 들 것이다.

10장

기분을 좋게 하는
5분 습관

꽃들의 파티
(아메리칸)

79
좋아하는 향기가 나는 촛불을 켠다.

감각기관을 자극하는 것은 좋은 기분을 경험하기 위한
좋은 방법이다. 자신이 정말 좋아하는 향의 촛불을 켜고,
하루를 준비하면서 그 향을 즐긴다.
좋아하는 냄새를 맡으면 좀 더 안정감을 느낄 수 있고,
바쁜 아침에 온기를 더해줄 수 있으며,
서두르지 말 것을 스스로에게 상기시킬 수 있다.

80
유투브(YouTube)에서
재미있는 동영상을 본다.

재미있는 동영상을 검색해보거나,
일주일 동안 볼 재미있는 동영상을 미리 골라 놓는다.
자신이 재미있다고 생각하는 부류의 동영상을 찾는다.
좋아하는 코미디언의 동영상일수도 있고, 굴욕 동영상이나
귀여운 아기 동영상을 찾아볼 수도 있을 것이다.
나를 미소 짓게 하거나 웃게 만드는 것은
무엇이든 내 기분을 좋게 할 것이다.

81
자기를 자랑하는 글을 쓴다.

스스로 자랑스러운 일을 인정하는 시간을 갖는다.
어제 한 일일 수도 있고, 평소에 하는 일일 수도 있다.
'자기 자랑'을 하면 자신의 모든 역량을 상기시키고
세상을 좀 더 자신감 있게 대할 수 있게 된다.

82
살아있다는 느낌을 주는 노래에 맞춰 춤을 춘다.

자신이 좋아하는 노래를 금방 떠올릴 수 있을 것이다.
아니면 스포티파이(Spotify)로 가서 다른 사람들의 재생목록에
서 노래를 찾아봐도 좋다.
노래 한 곡을 고른 뒤, 보는 사람이 없다고 생각하고 춤을 춰라.
한 번 놀아보는 것이다.
가끔씩, 아무런 거리낌이 들지 않도록 깜깜한 방에서 춤을 추는
것도 재미있을 것이다.

83
마사지 도구를 이용한다.

개인 마사지 도구를 이용하여 발바닥, 목 주변 등 기타 불편한
부위를 마사지 해준다.
아마존에 있는 마사지 도구는 평점 별 네 개를 받았으며
가격은 35달러 미만이다.

84
죄책감을 동반하는 쾌락을 주는 잡지나
웹사이트 글을 읽는다.

생산성이나 자부심에 전혀 도움이 안 되지만 기분은 좋아지는
것들을 몇 분간 읽는다. 다른 사람들이 어떻게 생각하든 개의치
말고 가십성 잡지를 읽거나, 페레즈힐튼(PerezHilton.com, 미국 블
로거이자 방송인 페레즈 힐튼이 운영하는 유명인사 가십을 주로 다루는 블
로그)에 가서 글을 읽는 등 정말 기분이 좋아지는 것을 읽는다.

85
좋은 추억을 상기시켜주는 사진을 본다.

기분이 좋아질 수 있는 가장 쉬운 방법 중 하나는 좋은 추억을 되돌아보는 것이다. 가지고 있는 사진들 중 행복했던 순간을 상기시켜주는 사진들을 본다.

(※미국에 살고 있다면, 월 2달러 99센트만 내면 매달 자신의 스마트폰에 저장되어 있는 사진 100장을 인쇄해서 보내주는 서비스 그루브북 (GrooveBook.com)을 이용할 수 있다. 사진은 사용자가 선택한다. 요즘 일반카메라 대신 핸드폰을 이용하는 사람들이 많은 것을 생각해보면 매우 합리적이고 효과적인 서비스다.)

86
몸에 로션을 바른다.

냄새가 좋고 촉촉한 로션을 몸에 바른다.
피부가 부드러워지고, 좋아하는 향기를 맡을 수도 있다.
서두르지 않으면서 자신을 돌보는 경험을 하게 된다.

87
다른 사람과 눈을 마주친다.

눈을 마주치는 것은 우리 몸 속에서 '기분을 좋게 하는'
화학물질인 옥시토신을 활성화하는 데 탁월한 방법이다.
배우자, 자녀, 이웃 등 내 삶 안에 있는 누군가의 말에 진심으로
귀 기울이고 그 사람과 함께 있는 시간을 잠시 가져보라.
기분이 좋아지고 유대감이 생길 것이다.

88
재미있는 예술작업을 한다.

내 안의 동심을 끄집어내주는 예술작업을 해본다.
전체 작업을 5분 안에 마칠 수 없더라도 분명 작업은 할 수 있다.
그림을 그릴 수도 있고, 반짝이 풀을 유리병에 바르거나
돌에 색칠을 해볼 수도 있을 것이다.
무엇을 하든, 내가 재미를 느낄 수 있는 작업을 하라.

89
뜨개질을 한다.

뜨개질을 좋아하는 사람들에게 뜨개질은 현재를 중시하고,
집중력을 발휘하게 하며, 양손을 이용할 수 있도록 하는
아주 즐거운 일이 될 수 있다.
또한 자신이 만든 결과물에 큰 보람을 느낄 수도 있다.
뜨개질이 생소하다면, 라이언브랜드(http://www.lionbrand.
com)에서 좋은 관련 자료들을 구할 수 있다.

90
옷을 건조기에 넣는다.

밖이 좀 춥다면 옷을 입기 전에 옷이 포근하고 따뜻해지도록
건조기에 넣는 것만으로도 쉽게 기분이 좋아질 수 있다.
위안을 받고 온기를 느낄 수 있는 아주 간단한 방법이다.
(배우자가 샤워를 마치고 나오기 전에 수건을 건조기에 넣는 매우 친절한
행동을 할 수도 있다.)

91
침대를 제대로 정리한다.

여러 권의 베스트셀러를 쓴 팀 페리스(Tim Ferriss)가 인터뷰에서 "자신이 통제할 수 있는 것이 하나도 없는 것처럼 느껴졌다"고 말한 것을 들은 적이 있다. 그런데 누군가 페리스에게 매일 침대정리만 한 번 해보라며, 그러면 적어도 한 가지는 통제할 수 있는 것이라고 조언해줬다고 한다.

매우 단순한 말 같지만, 작지만 무언가를 통제하고 있다는 사실을 깨닫고 많은 도움을 받았다고 페리스는 말했다.

통제력이 더 생겼다는 생각이 들뿐 아니라, 침대정리를 하면 하루가 끝나갈 때 좋은 보상을 받게 된다는 사실을 알게 될 것이다. 또한, 일어나자마자 침대정리를 하면 다시 침대로 돌아가지 않도록 스스로 훈련할 수 있는 장점도 있다.

92
출근하는 차 안에서 춤을 춘다.

나는 아침 출근시간대에 운전할 때마다 벌써부터 지쳐 보이는, 좀비처럼 운전대를 잡고 있는 사람들을 많이 본다.

얼마나 피곤한지, 해야 할 일이 얼마나 많은지, 혹은 교통체증이 얼마나 짜증나는지 생각하기보다는, 크게 따라 부르며 춤출 수 있는 노래를 들으면 어떨까?

내 기분이 좋아질 뿐 아니라 주변 사람들에게도 활기를 줄 수 있을 것이다.

93
밖에 나가서 일출을 감상한다.

해가 뜨기 전에 잠에서 깼다면, 일기예보에서 해 뜨는 시간을 검색한 뒤, 그 시간에 맞춰 밖에 나가서 일출 광경을 감상한다.

일출과 같이 여과되지 않은 아름다운 광경을 보면 마음이 평온해지는 효과가 있다.

해가 뜨기 전에 일어나지 못했다면, 아침에 밖에 나가서 새들이나 가까이에 있는 다른 동물들을 구경한다.

유사한 종류의 마음의 안식을 느낄 수 있을 것이다.

94
내 안의 동심을 끄집어낸다.

단순히 재미있어서 기분이 정말 좋아지는 것을 해보아라.
날씨가 좋으면 비눗방울 놀이를 할 수도 있고, 물총을 이용할
수도 있으며, 눈 위에 누워서 천사모양을 만들 수도 있다.
또는 비를 맞으며 놀거나, 그네를 타거나, 미끄럼틀을 타거나,
나뭇잎 더미로 뛰어드는 것 등으로 시작해볼 수 있을 것이다.

95
노래를 부르거나 악기를 연주한다.

음악은 사람들의 기분을 완전히 바꿔놓을 수 있는 힘이 있으며,
다양한 이점이 있다. 양쪽 뇌를 활성화시키며 훌륭한 스트레스
해소제가 될 수도 있다.
노래를 부를 줄 모른다면, 다양한 무료 레슨을 제공하는 훌륭한
사이트 인스파이어드투싱(InspiredToSing.com)을 이용해볼 수
있다. 유튜브에서도 노래와 악기 연주법에 대한 동영상을 아주
많이 찾아볼 수 있다.

11장

정리를 잘하기 위한 5분 습관

부귀의 꽃
모란

96
더러운 그릇 씻기나 빨래 치우기 등
끝내지 못한 일을 한다.

잠시 시간을 내서 무슨 일이든 마무리를 지으면,
기분이 정말 좋아질 수 있다.

97
한 곳씩 정리한다.

하루에 5분씩 특정 한 곳을 정리한다.
부엌부터 시작한다면 하루에 서랍 하나씩 정리할 수 있을 것
이다. 혹은, 침실부터 한다면 하루에 선반 하나씩을 정리할 수
있을 것이다.
작은 행동들이 결국 쌓이고, 하루에 5분씩만 투자함으로써
전체 다 정리해야 한다는 부담감에서 해방될 수 있다.
제자리에 없는 것 다섯 개를 찾아 원래 자리로 갖다 놓는 것도
좋은 방법이다.

98
방의 먼지를 털거나 진공청소기를 돌린다.

다시 말하지만, 작은 행동들이 오랜 시간 동안 쌓여
큰 행동들이 된다.

99
버릴 것은 버린다.

매일 5분간 무언가를 새로 버린다.
머릿속에서 자리를 차지하고 있지만 버릴 수 있는 것들이 많이
있을 것이다.
오래된 보이스메일, 핸드폰에 저장된 사진, 이메일, 유통기한
지난 식품, 입지 않는 옷, 낡은 철사 옷걸이, 쓰레기, 하드 드라
이브에 있는 것들, 컴퓨터 즐겨찾기, 더 이상 보지 않는 뉴스
레터, 오래된 화장품, 핸드폰에 있는 앱, 핸드폰에 있는 연락처,
절대 다시 보지 않을 책, 오래된 영수증이나 종이 등 매일 버릴
수 있는 것들이 쌓여 있다.

100
고갈되고 있는 품목 목록을 작성한다.

필요 없는 것들을 버리면서, 혹은 일상생활을 하면서 새 것을
사야할 필요가 있을 수 있다. 혼자서 모든 것을 다 기억하려고
하기보다는, 교체할 필요가 있는 것들을 모두 목록으로 작성
해본다. 그것이 식품일수도 있고, 특정 의류 품목일수도 있으며,
몸단장 용품 등 어떤 것이든 될 수 있다.

101
이프트에서 새로운 '레시피(recipe)'를 만든다.

IFTTT는 디지털 기술을 활용한 많은 것들을 자동화시켜주는
무료 사이트다.
'만약 이것이라면, 그렇게 한다' 식으로 '레시피'를 만들 수 있
다. 예를 들어, 구글 스프레드시트에 연락처 백업하기, 다음날
비가 온다고 알려주기, 페이스북에서 사진을 업데이트하자마자
트위터 사진도 업데이트 해주기, 페이스북에서 태그한 사진을
바로 드롭박스로 내려 받기, 크레이그리스트에 특정 내용의
포스트가 올라오면 이메일로 전송해주기 등을 설정하여 다양한
자동 서비스를 받을 수 있다.

12장

자제력을
기르는 법

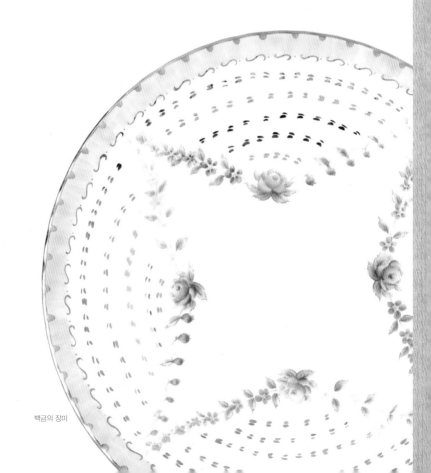

백금의 장미

이 책을 읽으면서 의욕은 생겼으나, 내 제안을 실천할 자제력이 본인에게 있는지 확신할 수 없는 분들을 위해 최대한 쉽게 실천할 수 있는 몇 가지 방법을 소개하려고 한다. 그 중에서 본인에게 가장 유용할 것 같은 것(들)을 선택하기 바란다.

'이유'를 만든다.

자신이 왜 실천하고 싶은지, 왜 아침습관을 들이고 싶은지 자문해보라. 감정적으로 가장 끌리는 이유를 생각해보라. 스스로 자부심을 가질 수 있는 삶을 통해 자녀들에게 모범을 보이고 싶을 수도 있고, 우울증에서 벗어나고 싶을 수도 있으며, 단순히 내가 더 잘 살 수 있으며, 갖고 있는 잠재력을 다 활용하고 있지 못하다는 점을 알고 있기 때문일 수도 있다.

침대에 누워있고 싶다는 생각이 들 때마다 그 이유를 상기시켜 본다.

하루씩 계획한다.

30일 혹은 356일 간의 야심찬 계획을 세우기보다는, 우선 하루 일찍 일어나는 것에만 충실해라. 스스로 장기 계획에 자신을 가뒀다는 느낌을 받는 것보다는 하루에 무언가 한다는 것을 합리화하기가 훨씬 더 쉬울 것이다. 많은 사람들에게 장기계획 은 과도한 부담감을 줄 뿐이다.

스스로 문책한다.

며칠 동안 아침습관을 이행할 것이라고 내가 존경하는 사람에 게 말한다.

정말 열의가 있다면, 이행한 경우의 보상이나 실패한 경우의 벌칙을 만들어도 좋다. 돈을 걸거나, 이행하지 못했을 때 부끄 러운 무언가를 하겠다고 약속할 수도 있을 것이다.

왜 동기부여가 되지 않는지 자문해본다.

우리 모두 다양한 부분들로 구성되어 있다. 우리의 일부는 성장 하고 싶어하는 반면, 현상유지에 만족하는 부분도 있다. 그래서

처음에는 언젠가 멋진 몸매를 갖겠다는 열정으로 다이어트를 시작하지만, 나중에 폭식하게 되는 것도 그 때문이다. 우리는 서로 원하는 바가 다른 다양한 요소들로 구성되어 있다.

한 가지 대단히 효과적인 방법은 성장을 좋아하지 않는 자신의 일부에게 왜 현상유지를 원하는지 물어보는 것이다.

자기 자신에게 그런 식으로 말을 건다는 게 이상하게 들릴 수도 있지만, 한 번 해보면 그 효과에 놀랄 것이다.

많은 사람들이 성장을 원하지 않는 부분에게 힘을 실어주면, 그 부분이 '이길 것이라고' 생각하며 이 방법을 꺼린다. 하지만 사실 우리는 단지 그러한 부분들을 인정하고 그냥 넘어갈 수 있도록 하고 싶은 경우가 많다.

아침습관을 원하지 않는 자신의 일부에게 그 이유가 무엇인지 물어보라. 그런 후, 양쪽 혹은 모든 부분이 만족할 수 있는 해결책을 모색하기 바란다.

예를 들어, 아침습관을 이행하고 싶지 않은 이유 중 하나가 자신의 수면패턴이 흐트러질 것 같아서일 수 있다. 그 이유를 파악했다면, 잠자리에 좀 더 일찍 들기로 하거나, 수면에 얼마나 영향을 미치는지 알아보기 위해 7일간 시험기간을 가져보기로 하는 등 문제 해결방법을 강구할 수 있을 것이다.

매일 즐거울 수는 없다는 사실을 인식한다.

매일 침대 밖으로 뛰쳐나갈 정도로 즐거운 기분은 아닐 것이라고 미리 알고 있으면, 어떤 상황에서든 아침에 잘 일어날 수 있다.

일어나는 것이 기쁘지 않다고 해서 일어나지 않아도 되는 것은 아니다. 그런 날은, 주기가 있을 수 있다는 것을 인식하고 할 수 있는 데까지 최선을 다한다는 생각으로 힘을 내서 무조건 일어나야 한다.

잠자리에 들기 전, 아침에 일어나서 기쁜 마음으로 아침습관을 이행하는 모습을 상상해본다.

상상을 하면 내 잠재의식이 앞으로의 일에 대해 계획할 수 있도록 하는 데 도움이 될 것이다. 자는 동안 뇌가 일찍 일어날 준비를 하기 시작할 것이고, 아침에 일어나서 전날 밤에 생각해 놓은 일을 그대로 하는 것이 너무 자연스럽다는 생각이 들 것이다.

이 방법이 도움이 되길 바란다. 아직 문제가 해결되지 않았다면 트윗을 보내주기 바란다. 내 트위터 주소는 〈http://www.twitter.com/RachelRofe〉로, 트윗을 보내주신 분들의 경험에 대해 워크숍을 가져볼 수 있도록 하겠다.

다시 동기를 부여하는 방법에 대한 나의 전체 팟캐스트는 〈http://rachelrofe.com/10steps〉에서 들을 수 있다.

4 단계

30일째가 되는 날, 2단계 과정을 되풀이한다. 단, 처음에 썼던 내용은
보지 않는다. 그리고 무엇이 달라졌는지 확인해본다.

	만족도	1	2	3	4	5	6	7	8	9	10
건강											

	만족도	1	2	3	4	5	6	7	8	9	10
가족											

	만족도	1	2	3	4	5	6	7	8	9	10
친구											

	만족도	1	2	3	4	5	6	7	8	9	10
애정											

	만족도	1	2	3	4	5	6	7	8	9	10
일											

	만족도	1	2	3	4	5	6	7	8	9	10
돈											

	만족도	1	2	3	4	5	6	7	8	9	10
여가 시간											

	만족도	1	2	3	4	5	6	7	8	9	10
스트레스											

	만족도	1	2	3	4	5	6	7	8	9	10

	만족도	1	2	3	4	5	6	7	8	9	10

결 론

이 책이 독자 여러분의 삶을 향상시키기 위해 실천할 수 있는 아이디어를 제공함으로써 여러분에게 도움이 됐기를 진심으로 바란다.

이 책에서 제안한 내용을 30일간 실천하면 분명 변화를 경험할 것이라고 확신한다.

처음에 말했듯이, 나는 독자 여러분이 첫째 날부터 자신의 삶에서 다음의 영역이 어떤지 살펴보고, 각 영역에 대한 만족도를 숫자 1에서 10까지로 나타내보기를 권한다.

• 건강	• 가족	• 친구
• 애정	• 일	• 돈
• 여가시간	• 스트레스	

내가 언급한 활동 중 6~10가지를 골라서 30일 동안 매일 아침 실천한 후, 처음에 쓴 평가는 보지 말고, 위의 영역에 대한 평가를 다시 해본다. 그 후 내 트위터 계정으로 트윗을 보내거나, 웹사이트에 댓글을 남겨주기 바란다. 여러분과 함께 축하해주겠다.

이 책을 읽어주신 독자 여러분께 감사드리며 책에서 제안한 내용을 시도해보며 멋진 시간을 보내기 바란다.

다시 한 번, 이 책을 끝까지 읽어준 독자 여러분께 감사드린다. 책을 재미있게 봐주셔서 대단히 기쁘다.

괜찮다면, 1분만 할애하여 아마존에서 리뷰를 남겨주신다면 나에게 대단히 기쁜 일일 것이다.

여러분의 의견이 힘이 되어 나는 여러분에게 많은 도움이 되길 바라는 마음으로 더 많은 책을 계속 쓸 수 있을 것이다.

책이 마음에 들었다면 리뷰에 별 다섯 개를 주셔도 무방하다.

레이첼 로페

있을 때 잘하자 !
내삶의 철학을
만들어 실천하는 것~

내가 습관을 만들지만 그 습관이 나를 만든다.
– 태성생각

누구나 태어나서 삶을 마감하기 전까지는 일을 하고 살아간다. 직장생활을 하든지, 자기사업을 하든지 말이다. 그런 과정에서 변함없는 진리는 하다나. 절대 혼자서는 할수 없다는 것, 누군가와는 함께 교류하고 협조하며 살아야 한다는 것이다. 그럴 때 필요한 자신만의 삶의 철학이 있다면 좀 더 나은 협조를 끌어 낼 수 있고 자신의 삶을 이끌어 갈수 있을 것이다.

그리고 내가 습관을 만들지만 그 습관이 인생을 결정한다는 말처럼 좋은 습관을 만드는 것은 매우 중요하다.

그러기 위해서는 스스로에게 질문을 해보는 것도 좋다고 본다.

- 나를 사랑하는 방법을 아는지 ?
- 나다운 생각과 결정을 하고 있는지 ?
- 당신의 인생을 좌우할 삶의 철학이 있는지 ?
- 나의 가치를 높이는 것은 어떤 것이 있는지 ?

많은 사람들이 시간이 지나고 나면 그렇게 해볼 걸 이라고 후회를 하는 경우를 많이 보아왔다. 그래서 내 인생을 후회없이 살려면, 어디에서든지 나답게 살려면, 가장 나다운 것을 찾기 위해서는 남의 철학으로 사는 것이 아니라 자신만이 갖고있는 내삶의 철학이 필요하다고 본다.

즉, 내삶의 철학이란 자신이 평소 가치있게 생각하는 생각이나 습관들로 내가 하고 싶거나 해야하는 것들을 정리해서 내삶의 중심축으로 삼고 실천을 통해 삶의 만족감을 향상시키기 위한 행동철학인 것이다.

내삶의 철학을 만들어 활용하는 분의 직업을 보면 매우 다양하다.
병원장, 의사, 신혼부부, 농협지점장, 제약회사 본부장, 전자회사 팀장, 부장판사, 교사, 교감, 대학교수, 학원장, 장애인협

회이사장, 호텔총지배인, 행복강사, 감정평가사, 사업가, 재무설계사, 세무서 민원실, 바른댓글실천연대 지회장, 피부우수기술인, 이발명장, 감성힐링코칭 가야금연주자, 상담교육전문가 등 많은 분들이 자신만의 내삶철을 만들어 활용하고 실천하고 있다.

■ 내삶의 철학을 만드는 방법

일반적으로 내삶의 철학을 만드는 것을 어렵게 생각하지만 체험사례를 통해 만드는 방법과 알리는 방법을 쉽게 3단계로 소개하고자 한다.

1단계 – 먼저 자신의 생각을 정리해 본다.
내가 만든 내삶철학을 지키고 실천한다면 후회없고 하루하루 행복할 수 있다는 생각을 가지고 실천항목을 정리해본다.

2단계 – 정리된 실천항목을 가지고 평상시 실천하는 것과 앞으로 실천해야만 할 항목의 비중을 8:2의 비율로 정리한다.
즉, 철학의 80%는 평소에 내가 사는 방식 중에서 좋은 습관/생각/양식 중에서 선별하고 철학의 20%는 지금은 안되고 있지만 꼭 해야하거나 / 하고 싶은 것 / 희망사항을 정리한다.

3단계 - 정리된 항목을 10개 이내로 요약해서 가시화한 후 주변에 널리 알린다.

널리 알리는 방법은 내삶철학을 인쇄하여 지인에게 배부하거나, 액자에 넣어 항상 눈에 띄게 하는 방법, 카톡의 프로필로 활용하거나, 명함의 뒷면에 인쇄해서 자신의 가치를 알리는 방법 등 다양하게 알린다.

■ 내삶철의 효과

1. 생각 - 나의 좋은 습관에 대해 생각해볼 수 있다.
2. 실천 - 평소 잊고 살지만 하고 싶은 습관들에 대해 자주 생각하고 들여다 보면서 실천의 가능성을 높일 수 있다.
3. 습관 - 실천을 하다보면 현실적인 문제점과 대면하며 이상적이던 철학이 조금씩 현실적인 습관으로 정착될 수 있다.
4. 선택 - 어릴 때부터 내삶철을 생각하고 실천하게 된다면 자신에 대해 생각하는 것을 어렵게 느끼지 않으며, 선택의 순간이 되었을 때 좀더 나다운 선택을 할수 있게 된다
5. 성취 - 자신의 철학을 스스로 만들고 실천함으로써 성취감과 만족감을 느낄 수 있다.

■ 내삶철 활용방법

내 삶에서 철학을 활용하는 방법은 다양하다.

내 주위의 사물에 적용시켜 보는 것 !

항상 가지고 다니는 명함과, 항상 볼수 있는 액자 등 어느 물건이든 붙일 수 있는 스티커로 활용하면 된다.

내삶의 철학 실천본부 대표로서

이미 체험한 나만의 삶의 철학 그 내용을 소개해 본다. 누구라도 10가지든, 5가지든 자신만의 철학으로 생활하다보면 많은 어려움이 있더라도 극복할 수 있고 새로운 에너지가 생겨 삶의 리듬을 만들어 갈 수 있다는 것이다. 내 인생을 즐겁게 사는 나만의 비법이라고도 할 수 있는 그 10가지 내용을 공유해 본다.

첫째, 좋아하는 사람을 만든다.

잭 웰치는 "사람을 좋아하지 않으면 성공할 수가 없다."고 했다. 물론 성공이란 이유도 있지만 사람 속에서 살고 사람과 더불어 성장하고픈 바람에 여러 방면의 사람들을 사귀고 있다. 그저 천성적으로 사람을 좋아하는 탓이기도 하지만 어디에서든 누군가를 만났을 때 즐거울 수 있도록 내 사람을 만드는 것을 좋아한다.

둘째, 타인의 성장을 돕는다.

사람을 좋아하기만 하면 무슨 의미가 있는가, 진정으로 그 사람의 성장을 도와준다면 좋지 않을까.. 존 맥스웰은 진정한 리더라면 '당신은 자신의 성장을 위해 어떤 노력을 기울이고 있는가?' '당신은 타인의 성장을 위해 어떤 노력을 기울이고 있는가?' 이 두 가지 질문에 명확히 답할 수 있어야 한다고 했다. 첫 질문에는 누구나 자기 나름대로의 준비와 노력을 말할 수 있을 것이다. 하지만 두 번째 질문에 답할 수 있는 사람은 과연 몇이나 될까? 나는 그룹 연구소를 관리할 때 주기적인 면담과 각 팀원별 성장 플랜을 세워서 그들의 성장을 위해 노력했다. 그 결과 직원만족을 이끌어 우수한 결과를 만든 적이 있다. 이를 위해 코치 자격증도 취득하였고, 리더십 강사 자격증도 활용하였다. 진정한 리더는 자신의 성장뿐 아니라 타인의 성장도 함께 이끌어 조직의 성과를 이룰 수 있어야 한다.

셋째, 봉사한다.

보통 봉사는 시간적, 금전적 여유가 있을 때 하는 것으로 생각한다. 하지만 나의 철학은 봉사는 현 상황에서 나의 수준에 맞게 지속적, 규칙적으로 가까운 사람에게 먼저 최선을 다하고 범위를 넓혀 가는 것이다. 그래서 나는 8남매의 다섯째이지만 부모님을 제일 가까이 모셨고, 동생들에게 어려움이 있을 때

나름대로 최선을 다해 도와주었다. 내 가족부터 잘 이끌어야 사회가 안정이 되고, 국가도 안정될 것이라 믿는다. 그리고 내 옆에 있는 동료에게도...

넷째, 하루 30분씩 나만의 시간을 갖는다.

파스칼은 "인간의 불행은 단 한 가지! 고요한 방에 들어 앉아 휴식할 줄 모르는 데서 비롯한다."라고 하였다. 그래서 나는 오늘 무엇을 하며, 누구를 만났고, 어떤 좋은 점과 실수를 하였나 생각하며 반성하고 나를 돌아보는 시간을 갖는다. 그리고 내일의 계획을 수립하는 이 시간이 내 삶에 매우 유익한 시간이라 생각한다.

다섯째, 항상 새로운 것을 추구한다.

세상은 절대로 가만히 있지 않는다. 끊임없이 변화하고 새로운 것을 만들어 낸다. 그런 환경에 적응하고 리드하려면, 항상 새로운 것을 배워야 한다. 그리고 바쁜 생활에 지치지 않고 삶의 활력을 지속적으로 유지하기 위해 스포츠와 취미생활도 뒷받침되어야 할 것이다.

여섯째, 적극적으로 시간을 활용한다.

시간은 누구에게나 한정되어 있다. 하지만 어떻게 활용하느냐에 따라 삶의 질이 달라진다. 시시하게 살기에는 인생이 너무나 짧기 때문에 남는 시간에도 무언가를 하면서 보내는 것이 좋다. 양치질을 하면서 다리운동, 출근 시 걸어가면서 가방을 아령삼아 팔운동 등, 얼마든지 시간을 절약하고 효율적으로 활용할 수 있다. 하물며, 쉬는 주말조차도 계획을 세워서 보내는 것 ~

일곱째, 잊을 것은 잊고, 기억할 것만 기억한다.
강의를 하다보면 열 번 중에 한두 번은 마음에 들지 않을 때가 있다. 그럴 때는 무척 속상하지만 이미 지난 일 걱정한다고 결과가 좋아지지 않는다. 자명한 사실이다. 사람관계든, 일도 마찬가지다. 문제가 인식되면 다음에 반영해서 풀어갈 생각을 하면 되지, 안 좋은 것을 계속 생각해서 스트레스 받는다면 건강만 해치는 일이다. 반대로 성장과정과 은혜를 받은 일은 잊지 않고 꼭 기억하고 보답을 해야 한다. 감사하는 마음으로 ~

여덟째, 기록하는 생활을 한다.
인류역사가 발전한 것은 여러 가지 이유가 있겠지만, 무엇보다 중요한 것은 기록에서 비롯되었다고 본다. 그렇다면 개인의 발전도 기록이라고 본다. 하루에 일어난 사실들을 꾸준하게 기록하자. 오늘 누구를 만났고, 어떤 느낌이 들었고, 내가 배울 점은, 내가 실수한 점은 등등. 상세하게 기록하다보면 나

중에 분명 도움이 될 것이다.

아홉째, 나만의 보물지도를 만든다.

화살도 과녁이 없는 목표를 명중시킬 수 없듯이, 자신만의 희망 플랜이 필요하다. 한달 후, 1년 후, 3년 후 등 단기, 중기, 장기로 달성할 수 있는 계획을 차근차근 수립하는 것이 중요한데, 변경할 사유가 있거나 보완할 필요가 있을시에는 즉시 반영하는 것도 필요하다.

열째, 건강관리를 생활화한다.

인생에서 필요한 것을 손꼽아 보면 일, 가족, 취미, 돈, 건강, 친구 5가지가 가장 중요하다고 볼 수 있다. 5가지가 다 중요하다고 할 수 있지만, 그 중에 가장 중요한 것, 그것이 없으면 아무 것도 할 수 없는 것, 그것은 건강이다. 건강이 가장 중요하다는 것을 인식하고 꾸준히 운동하며 건강관리를 하는 노력이 필요하다. 나에게 맞는 운동을 찾아 매일, 매주 주기적으로 운동하되, 그 시간을 즐기는 자세가 중요하다.

이렇게 내 삶의 철학대로 살아가다 보니 좋은 소식도 생겼다. 경제적인 봉사는 힘든 상황이지만 나의 재능을 기부하는 봉사활동으로 모범적인 철학을 가진 청소년선도봉사 우수사례로 인정받아 법무부 장관상을 받았다. 그리고 직장 내에서 몇 차례

우수사원상을 받았는데 특히 그룹연구소에서 연구지원관리를 할 때, 구성원과 더불어 성장하여 과학기술부 장관상도 받을 수 있었다. 이 모든 것이 내 삶의 철학에 따라 타인의 성장을 위해 함께 노력한 결과이기도 하다.

앞으로도 내 삶의 철학을 시대에 맞게 변경하여 나와 가족, 타인의 성장에 도움이 되는 생활을 하고자 한다. 내삶의 철학 사례는 교통방송에도 10주연속 방송을 한 바 있고, 월간지 등에도 게재하여 각계 각층에서 활용토록 전파하고 있다.

이 태 성

오려서 잘 보이는 곳에
붙여 놓고 실천해 보세요

소중한 나를 위한 작은 선물!

아침 5분 행복습관

초판 1쇄 · 2017년 1월 10일

지은이 · 레이첼 로페(Rachel Rofé)
감 역 · 이태성
그 림 · 박미홍
펴낸이 · 박선주
펴낸곳 · 봄봄스토리
등 록 · 2015년 9월 17일(No. 2015-000297호)
주 소 · 서울특별시 마포구 마포대로 33
전 화 · 02)3143-1640
팩 스 · 02)3143-1641
이메일 · bombomstory@daum.net

ISBN 979-11-958053-1-0(03190)
값 12,000원